TÜRKEI

TÜRKEI

Text
Christopher Kubaseck
Christoph K. Neumann

Fotografie
Frank Tophoven

Bucher

Inhalt

Verlassener Wohnkegel im Tal von Zelve.

Im İstanbuler Vorort Ortaköy.

Brücke über den Fırtına.

88 Liebliche Lichtgestade

Die Sinterterrassen von Pamukkale.

Der Apollon-Tempel in Side.

106 Sonnenland am Mittelmeer

126 Im Herzen der Türkei

Karge anatolische Landschaft bei Doğubeyazıt.

Am Strand Ölü Deniz.

146 Planen, Reisen, Genießen

156 Menschen, Orte, Begriffe

Die Türkei überrascht nicht nur durch ihre landschaftliche, sondern auch durch ihre kulturelle Vielfalt: Die Frauen der Hemşin-Täler sind für ihre farbenfrohen seidenen Kopftücher bekannt (oben). Das İhlara-Tal mit seinen schroffen Felsabbrüchen wird gern als der «Grand Canyon Kappadokiens» bezeichnet (rechts).

Die verschwiegenen Buchten der türkischen Südküste – hier bei Kaş – lassen sich wunderbar auf der «Blauen Reise», einem mehrtägigen Segeltörn, erkunden.

«Im Galopp kommend aus dem fernen Asien streckt es sich ins Mittelmeer wie der Kopf einer Stute! Das ist unser Land.»

Nazım Hikmet

Bunte Märkte, prunkvolle Paläste und Moscheen in geschichtsträchtigen Städten: In **Thrakien, İstanbul und der Marmararegion** erwarten den Besucher die vielfältigsten Attraktionen

Troja, Ephesos, Pergamon oder Pamukkale, von Pinienwäldern gesäumte Buchten und idyllische Fischerhäfen: **die ägäische Küste und die West-Türkei** – ein verlockendes Ferienziel.

Herrliche Sandstrände und spektakuläre Ausgrabungsstätten, imposante Zeugnisse der Vergangenheit: **Die Südküste und das Taurusgebirge** sind ein Paradies für Sonnenanbeter und Kulturfreunde.

Nicht nur einsame Strände und ruhige Badeorte, Tabakfelder und Teeplantagen: **Das Schwarzmeergebiet** überrascht mit ursprünglichen Tälern, Blumenwiesen, Wildbächen und anheimelnden Holzhäuschen.

Der märchenhafte İshak-Paşa-Palast und der legendenumwobene Berg Ararat, menschenleere Hochebenen, weite Steppen und unzugängliche Täler, die rauhe Heimat der Nomaden: **Ost-Anatolien** fasziniert durch Landschaften von archaischer Schönheit.

Das traditionsreiche Konya, die einzigartige Tuffsteinlandschaft Kappadokiens, die Museen Ankaras und der Nemrut Dağı mit seinen gewaltigen Götterstatuen gehören zu den Höhepunkten einer Reise durch **Zentralanatolien.**

Die Türkei – fernes Land im nahen Osten

Man redet oft über das eigene Land in der Türkei. Wenn es dabei zu besonders scharfen Urteilen kommt, im Positiven wie im Negativen, dann beginnen viele Sätze etwa so: «Die Türkei ist schon einzigartig; es gibt kein anderes Land in der Welt, in dem…» Die Fortsetzung mag dann heißen: «…es so viele Naturwunder gibt», «…die Politiker so korrupt sind», «…die Autofahrer sich so wenig an die Verkehrsregeln halten» oder «…die Gastfreundschaft so groß ist». Die meisten dieser Sätze sind natürlich nicht wörtlich zu nehmen, drücken aber insgesamt den Glauben ihrer Bewohner aus, daß die Türkei etwas ganz Besonderes ist.

Musik ist in der Türkei allgegenwärtig. Die Volksmusik ist weit verbreitet und wird regional von unterschiedlichen Instrumenten begleitet. Den Dudelsack findet man vor allem an der Schwarzmeerküste.

Die Türkei ist ein Land der Gegensätze und des Wandels. In den letzten anderthalb Jahrzehnten ist hier eigentlich nichts beim alten geblieben, jedenfalls gilt das für die Metropolen İstanbul, Ankara oder auch İzmir. Das waren einst ruhige, in sich gekehrte Städte, in denen es reichlich Zeit und kaum Geld gab. Heute geht es vielfach professioneller zu, und in großem Maßstab verwirklichen Grundstücksspekulanten Alpträume moderner Stadtplanung, während andererseits mit viel Liebe und Kenntnis schon fast verlorene Viertel gerettet und wieder belebt werden. Zwei Straßen, die vom Hauptplatz İstanbuls, dem Taksim, nach Süden abgehen und über einen Kilometer Länge parallel verlaufen, verkörpern diese beiden Gesichter der Dynamik: Die İstiklal Caddesi, die alte «Grande Rue de Péra», um die Jahrhundertwende das Zentrum İstanbuler Urbanität, ist heute, wenn man eine historische Trambahn und die Polizeistreifen nicht mitzählt, im wesentlichen eine breite Fußgängerzone und damit zum Korso der gesamten Stadt geworden. Für den achtspurigen Ausbau der Tarlabaşı Caddesi dagegen wurden hunderte von historischen Bauten zerstört.

Andererseits gibt es entlegene ländliche Regionen, in denen tatsächlich die Zeit stehengeblieben zu sein scheint: Der Gegensatz zwischen einem zentralanatolischen Bergdorf und einem Mittelstandsviertel in einer der Großstädte (oder auch einem der durch den Tourismus florierenden Dörfer an der Südküste) könnte größer nicht sein.

Die Türkei ist ein Land der Vielfalt und der Extreme, schon landschaftlich: riesige Felder voller Sonnenblumen in Thrakien, Olivenhaine und Weingärten an der Ägäis, in Zentralanatolien weite Ebenen, im Winter braun, im Sommer goldgelb von Weizen. Im Osten schroffe Berglandschaften, die so monumental wie menschenfeindlich wirken, die mildfeuchte grüne Landschaft des Schwarzen Meeres, in der Teeplantagen, Haselnußpflanzungen und Kiwigärten mit einem fast alpinen Mischwald um den fruchtbaren Boden konkurrieren. Außerdem Steppen und Wüsten, wie die Ebene von Harran im türkischen Mesopotamien, die neuerdings bewässert und damit in ein landwirtschaftlich intensiv genutztes Gebiet umgewandelt wird, im Gegensatz zu der sich

Viele Türken leben auch heute noch in bescheidenen Verhältnissen. Dies gilt für die Großfamilie auf dem Land ebenso wie für den Stadtbewohner, der als Schuhputzer sein Geld verdient.

Die Südküste ist ideal für einen Badeurlaub: Das klare Wasser lädt zum Schnorcheln ein, während man vom Boot aus felsgesäumte Buchten entdecken kann.

um den austrocknenden Tuz Gölü («Salzsee») mit rapider Geschwindigkeit ausbreitenden zentralanatolischen Wüste, einem der ökologischen Katastrophengebiete des Landes.

Wohnungen des Menschen

Vielfalt und Gegensatz auch im Bereich menschlicher Siedlung und Behausung. Im Jahr 1996 fand die von der UNO veranstaltete Weltkonferenz Habitat II in İstanbul statt. Eine gute Wahl, denn nur in wenigen Ländern kann eine so große Vielfalt von Siedlungs- und Wohnformen beobachtet werden wie in der Türkei.

Herrliche Strände und ein reiches kulturelles Erbe – die Mittelmeerküste der Türkei bietet beides. Bei Antalya spaziert man durch Sanddünen (Mitte oben), vom Kastell St. Peter blickt man auf die weißen Häuser von Bodrum (Mitte unten).

Gut besucht sind die gepflegten Sandstrände von Alanya (oben), bei Anamur geht es dagegen eher beschaulich zu (unten).

Die letzten Nomaden mit ihren Zelten leben im östlichen Mittelmeerraum und im Südosten. In den Dörfern finden sich die ganz dem Klima und den verfügbaren Baumaterialien angepaßten Bauernhäuser: Holz im Norden, Lehmziegel im Südosten, Fundsteine und Fachwerk im Rest des Landes. In den Städten stehen noch Viertel traditioneller Häuser mit dem charakteristischen vorspringenden Balkon im ersten Stock, – ein Zeichen für das gemeinsame osmanische Erbe von Anatolien bis zum Balkan – so verschieden sie im einzelnen regional ausfallen mögen.

Dann die einmaligen Sonderformen menschlicher Behausungen: in Kappadokien etwa, wo ganze Siedlungen in Tuffsteintürme gehauen wurden und phantastische Architektur ohne Rücksicht auf Statik entstand. Die Bildpracht ausgemalter Kirchen in den Tälern dieser Landschaft ist so bewunderungswürdig wie die tief in den Boden hineingegrabenen unterirdischen Fluchtstädte in ihrer Lichtlosigkeit erschrecken (siehe Seite 142).

In den modernen Städten schließlich nimmt der Reisende meist nur die verstreut gelegenen älteren Monumente wahr, auch wenn er relativ viel Zeit in der Innenstadt verbringt. Die moderne,

Ihr Entstehen verdanken die bizarren Tuffkegel um Zelve vulkanischen Aktivitäten. Hier, in den Tälern Kappadokiens, wandert man durch eine wahre Märchenlandschaft.

oft sehenswerte Architektur der letzten zweihundert Jahre wird zu Unrecht häufig wenig beachtet. Zu nennen wären etwa der orientalisierende, «maurisch» aussehende Erste Nationalstil, Art deco in İstanbul, Bauhaus und Neue Sachlichkeit in der Hauptstadt Ankara (siehe Seite 129), Ausdruck eines bewußten Modernismus oder Regionalismus in allen größeren Zentren.

Ungewohnt ist dem Besucher aus Mitteleuropa die Peripherie der Städte. Hier erstrecken sich keine gepflegten Einfamilienhaus- und Villensiedlungen; die Besserverdienenden leben in der Türkei in aller Regel zentrumsnah (in İstanbul am Bosporus). Nein, an der Peripherie seiner Städte wird dieses Land Entwicklungsland. In den Vorstädten sehen die Häuser oft halbfertig aus, bewohnt, aber nicht wohnlich. Die Straßen erscheinen schmutzig, bei Regen schlammig, bei Sonne staubig. Öffentliche Einrichtungen wirken improvisiert, oder sie fehlen ganz. Wer aus Mitteleuropa kommt, wo die Stadtlandschaft sich aus wohl beleuchteten und frischgereinigten rechten Winkeln zusammenzusetzen scheint, hat am Anfang Mühe, hier zu erkennen, was wohin gehört, was wichtig ist, was wohin weist. Die Stadtrandgebiete in der Türkei ähneln denen der Städte in der Dritten Welt eher als denen der Industriestaaten.

Von den Stränden der Südküste ist es nicht weit ins Hochgebirge (bei Termessos; oben) oder auch in das sanfte Hügelland wie hier bei Fethiye (unten).

Der Grund: Wie fast überall auf der Welt wächst die Bevölkerung in der Türkei rapid an. 1927 lebten hier etwa 13,5 Millionen Menschen. 1997 lag die Einwohnerzahl bei 62,5 Millionen. Die Folgen: Die Städte wachsen, die Metropolen explodieren. In İstanbul, der dynamischsten aller türkischen Städte, ist nicht einmal ein Fünftel der Haushaltsvorstände in der Stadt geboren. Der Rest sind «Zugereiste», die ihre Heimat verlassen haben, weil es dort keinen Lebensunterhalt zu verdienen gibt, angelockt von der Hoffnung, daß «Stein und Boden İstanbuls aus Gold sind». Insgesamt leben etwa (genaue Zahlen gibt es nicht) 12 Millionen Menschen hier – mehr als beispielsweise in Österreich oder der Schweiz.

So gleicht sich das Bild in den Großstädten: Es umgibt sie – durchsetzt von Industrie- und Kleinindustrieanlagen – ein Gürtel ungenehmigt errichteter Häuschen. Unter ihnen ragen die ersten mehrstöckigen Gebäude hervor, die denen gehören, die es geschafft haben, das Grundstück nachträglich zu ihrem legalen Eigentum zu machen. Sie hatten genug Geld gespart, um nicht nur sich und ihrer Familie ein Dach über dem Kopf zu verschaffen, sondern auch um anbauen und vermieten zu können. Man weiß heute aus Erfahrung, daß es im allgemeinen etwa 25 bis 35 Jahre dauert, bis ein solches Viertel von einer Armensiedlung zu einem ganz respektablen Stadtteil werden kann.

Zwischen diesen ohne städtische Planung und Genehmigung errichteten, «gecekondu» genannten Vierteln finden sich immer öfter auf dem Reißbrett entworfene Siedlungen aus eng stehenden Wohnblöcken: billiger Wohnraum, von Bodenspekulanten oder von Kooperativen mit politischen Verbindungen errichtet. Auch bei ihnen steht es mit Wohnqualität und Infrastruktur nicht gerade zum besten.

Weitere enge und häßliche Siedlungen, allerdings nicht der Armen, sind die Ferienhauskolonien, die die Küsten des Mittelmeers und des Marmarameers «säumen» – bzw. meistens verschandeln. Auch sie sind Kooperativsiedlungen und kostensparend gebaut. Hierhin flieht der Mittelstand im Sommer, um den dann unerträglich heiß werdenden Städten zu entkommen.

Der Kaffee ist nur ein Vorwand

Die Häßlichkeit dieser Siedlungen wird allerdings gemäßigt durch die Kunst ihrer Einwohner, sie zu beleben. Überall ist Markt, so scheint es, und selbst wo kein Markt ist, wird auf der Straße gestanden, geredet oder auch mal gestritten. Wer in der Türkei lebt, bewegt sich in einem Strom ständigen Gesprächs, eines dauernden Austauschs von Grüßen, Höflichkeiten, Nachfragen, Meinungen. Es ist richtig: Türken sind gastfreundlich. Aber ein großer Teil dieser Gastfreundschaft ist einfach Folge des lebendigen Interesses, das man hier an seinen Mitmenschen unterhält und von dem eben auch der Fremde profitiert.

Es scheinen immer dieselben Gespräche zu sein, die da geführt werden: Fragen nach dem Wohlergehen, nach dem Woher und Wohin, nach der Familie und der Arbeit. Festtage werden mit Fragen nach dem geplanten Verlauf eingeleitet, von Glückwünschen begleitet, mit Nachfragen abgeschlossen. Trotzdem bedeuten diese Unterhaltungen etwas: Sie markieren, was man voneinander denkt, sie bestätigen oder modifizieren, wie man sich gegenseitig einschätzt. Jeder wird in dieser Kunst im Lauf seines Lebens ein wahrer Meister: Wie man formuliert und versteht, was man voneinander denkt, ohne daß man es direkt sagen muß – das hat jeder gelernt, der in der Türkei lebt.

Immer wieder trifft man in der Türkei auf ehrwürdige Relikte aus der Frühgeschichte des Landes, wie etwa auf die Uratäer-Festung in Van (oben). Auch am Bafa-See kommt der historisch Interessierte auf seine Kosten – falls er nicht lieber nur die idyllische Atmosphäre genießen will (unten).

Badefreuden und Bildungsurlaub verbinden sich in der Türkei auf ideale Weise. An den traumhaften Stränden – hier der Olympos-Strand bei Antalya (oben) – fühlt man sich wie im Paradies, während man von der Akropolis in Pergamon uraltes Kulturland überblicken kann (unten).

Fortsetzung Seite 26

Zeugen einer großen Vergangenheit: Amphoren im Museum von Bodrum (oben) und der Trajan-Tempel auf der Akropolis von Pergamon, dessen Säulen Archäologen erst vor einigen Jahren wieder aufgerichtet haben (rechts).

Beeindruckende Monumente einstiger Macht und Größe: die gewaltigen Statuen auf dem Nemrut Dağı im Südosten Anatoliens.

Daten und Bilder zur Geschichte

Um 10 000 v. Chr. Erste Siedlungen in Anatolien.

Um 1600–1200 v. Chr. Hethitisches Reich mit Hauptstadt Hattuşa.

Ab 1200 v. Chr. Dorer in Karien, Äolier und Ionier an der Ägäisküste. Etwa gleichzeitig Einwanderung von Phrygern und Altarmeniern.

Um 850–620 v. Chr. Reich Urartu (Hauptstadt Tuschpa).

1

1 Das Löwentor von Hattuşa, monumentales Zeugnis der Hauptstadt des Hethiterreichs.
2 Aus dem 2. Jahrhundert v. Chr. stammt der Pergamon-Altar, dessen Reliefs zu den schönsten der hellenistischen Zeit gehören.
3 Der byzantinische Kaiser Basileios II. (976–1025; Buchmalerei, 11. Jhd.). – 4 Mehmed II., der Eroberer (1451–1481; Gemälde von Gentile Bellini, 1480).

2

3

4

Etwa gleichzeitig Reich der Phryger (Hauptstadt Gordion).

680–546 v. Chr. Lydisches Reich um Hauptstadt Sardes.

480 v. Chr. Nach Sieg über die persische Flotte bei Salamis Einfluß des Attischen Seebunds in Ionien. Ständige persisch-griechische Rivalität, bis Frieden des Antalkidas 386 v. Chr. die persische Herrschaft über Kleinasien wiederherstellt.

336–323 v. Chr. Alexander der Große; nach seinem Tod rivalisierende Diadochenstaaten in Kleinasien.

123 v. Chr. Westkleinasien wird römisch: Provinz Asia.

330 Konstantinopel als neue Reichshauptstadt gegründet.

337 Teilung des Römischen Reiches in West- und Ostrom.

391 Das Christentum wird Staatsreligion.

7. Jh. Wandel von Ostrom zum Byzantinischen Reich.

674–678 Erste arabische Belagerung Konstantinopels.

1054 Schisma der katholischen und der orthodoxen Kirche.

1071 Beginn der türkischen Besiedlung Kleinasiens.

1097 Erster Kreuzzug, byzantinische Rückeroberungen.

1176 Niederlage der Byzantiner bei Myriokephalon beendet die Phase byzantinischer Rückeroberung.

1204 Konstantinopel wird von den Truppen des Vierten Kreuz-

5

6

5 Mustafa Kemal, genannt Atatürk (Foto von 1919). – 6 Bülent Ecevit, Ministerpräsident in den Jahren 1973/74 und 1978/79.
7 Necmettin Erbakan, von 1996 bis 1997 Ministerpräsident.
8 Tansu Çiller, die erste Regierungschefin der Türkei.
9 Süleyman Demirel, türkischer Staatspräsident seit 1993.

zugs geplündert, ein katholisches (lateinisches) Kaiserreich (bis 1261) etabliert.

1243 Sieg der Mongolen über die anatolischen Seldschuken beim Köse Dağı, die Mongolen üben Oberherrschaft über Anatolien aus.

Um 1300 Osman begründet Grenzherrschaft in Bithynien, die sich zum Osmanischen Reich entwickelt.

1402 Timur Lenk erobert Anatolien. Das Osmanische Reich wird drastisch verkleinert; Phase intensiver Thronkämpfe und staatlicher Reorganisation.

1453 Eroberung İstanbuls durch Mehmed II., den Eroberer.

1768–1774 Russisch-osmanischer Krieg. Endet mit schwerer osmanischer Niederlage.

7

8

9

1853–1856 Krimkrieg. Das Osmanische Reich wird Teil der europäischen Staatengemeinschaft.

1878 Osmanische Niederlage gegen Rußland. Aufhebung der Verfassung (1876), despotische Herrschaft Abdülhamids II.

1908 Konstitutionelle Revolution der «Jungtürken».

1912–1913 Balkankriege. Die Osmanen verlieren alle europäischen Territorien bis auf Ost-Thrakien.

1914–1918 Erster Weltkrieg. Osmanen auf der Seite der Verlierer.

1919–1922 Unabhängigkeitskrieg. Sieg über griechische und alliierte Besatzer.

1923 Proklamation der Republik Türkei, Präsident wird Mustafa Kemal (Atatürk).

1952 Beitritt zur NATO.

1960 Erster Militärputsch, Verfassungsreform und staatliche Planung.

1963 Türkei beginnt Integration in EWG (heute EU).

1974 Türkische Besetzung des Nordteils Zyperns.

1980 Die Wirtschaft wird auf exportorientierte Hochzinspolitik umgestellt; Militärputsch, der bürgerkriegsähnliche Verhältnisse beendet und die Demokratie suspendiert.

1983 PKK beginnt Gewalttaten mit dem Ziel der Gründung eines kurdischen Staates.

1996 Der islamistische Politiker Necmettin Erbakan wird Ministerpräsident.

1997 Generalstab setzt Rücktritt Erbakans durch.

Christoph K. Neumann

1

2

3

5

Es ist zum Beispiel charakteristisch, wie sich Türken anreden. Dialoge wörtlich zu übersetzen hat fast immer komische Wirkung: Sie klingen dann wie aus russischen Romanen des 19. Jahrhunderts. «Ältere Schwester», «Onkelchen», «mein Meister», «Kapitän», «mein Vögelchen», «mein Leben»: Verwandtschaftsgrade, Titel, Koseworte kommen in zahllosen Anreden vor, in denen man im Deutschen noch nicht einmal den Namen nennen würde. Je nach der Gesprächssituation und der Entwicklung des Themas kann sich innerhalb von wenigen Sätzen ändern, wie einer den anderen tituliert: die «Frau Nachbar» wird ganz plötzlich zu «meine Tante». Ähnlich fließend ist der Übergang vom Duzen zum Siezen und zurück. Derart einander anzureden, bedeutet einander einzustufen: Gesellschaftliches Oben und Unten wird markiert, Respekt oder Ablehnung bezeichnet. Aber dadurch, daß eine solche Anrede immer bedeutet, daß sich der Sprechende in eine Beziehung zum Angeredeten setzt, stellt sie auch Nähe her und eine Atmosphäre gegenseitigen Interesses.

4

6

Die Türkei um die Jahrhundertwende: 1 Von Hand betriebenes Pferdekarussell (Foto um 1930). 2 Die berühmten, nach strengen Regeln ablaufenden Tänze der Mevlevi-Derwische sind als symbolische Darstellungen des Kreislaufs von Werden und Vergehen zu verstehen (Foto um 1900). 3 und 4 Das Rauchen der Wasserpfeife ist eine alte Tradition – und keineswegs nur Männersache (Foto um 1900; Foto von 1865). 5 Frauen beim Wasserholen (Foto um 1860). – 6 Wasserverkäufer in İstanbul (Foto um 1910).

Von dieser Nähe erfährt auch der Reisende einiges, selbst wenn er kein Türkisch versteht. Denn Nähe herzustellen ist ein wesentlicher Teil der türkischen Umgangsformen. Wer etwas intensiver miteinander redet, faßt den anderen an; jedenfalls wenn der Gesprächspartner zum gleichen Geschlecht gehört – eine für den Reisenden häufig überraschende Geste. Immer wieder wird Tee angeboten, damit man noch etwas zusammensitzt, obwohl es eigentlich nichts Wesentliches mehr zu besprechen gibt: Das ist die Zeit, in der man sich nicht mehr dem Geschäft, sondern dem Gegenüber widmet. Ein altes Verssprichwort, aus der Zeit, bevor der Tee als neues, innerhalb der Landesgrenzen angebautes Nationalgetränk den Kaffee ablöste, sagt noch heute, daß das Herz das Gespräch mit Bekannten wolle, der Kaffee nur der Vorwand sei.

Es lohnt sich, darüber nachzudenken, warum Nähe in diesem Land so wichtig ist. Liegt es vielleicht auch daran, daß in weiten Bevölkerungskreisen Unbefangenheit zwischen Männern und Frauen so außerordentlich erschwert wird? Hat es möglicherweise auch etwas damit zu tun, daß Sicherheit und Geborgenheit in diesem Land seltener von Institutionen auszugehen scheinen

In sehr vielen Bereichen ist bis heute Handarbeit gefragt und erforderlich, dies gilt für die Landwirtschaft ebenso wie für das Kunsthandwerk.

als von den Mitmenschen, auf die man sich deswegen mehr verlassen muß? Vielleicht geht es aber noch um etwas anderes: Mit jedem Satz drückt man aus (oder kann jedenfalls ausdrücken), wohin man gehört.

Zugehörigkeit – das ist ein wichtiges Thema in diesem Land. Wenn der Reisende so häufig gefragt wird, woher er stammt, so hängt das mit der Erwartung zusammen, aus dieser Auskunft Schlüsse ziehen zu dürfen. Es ist wichtig, aus welcher Stadt man stammt, welche Schule oder Fakultät man absolviert hat, wo man politisch oder religiös steht. All diese Zugehörigkeiten schaffen Kreise und Gruppen, zu denen man gehört und in denen das eigene Leben geführt wird. Wer in Schwierigkeiten ist, wendet sich gerne an einen Bekannten aus der gleichen Stadt oder sucht in der zuständigen Behörde, bis er einen Beamten findet, mit dem ihn irgendeine solche Zugehörigkeit verbindet – oft selbst dann, wenn sein Problem eine Routineangelegenheit ist, die jeder andere Zuständige auch erledigt hätte.

Wunderschöne Teppiche kann man fast überall in der Türkei erstehen – jede Region hat ihre eigenen Farben und Muster.

Noch immer spielen die traditionellen Wirtschaftszweige eine tragende Rolle in der Türkei: Fischer in Kalkan (oben). Salzgewinnung am riesigen See Tuz Gölü (unten).

Gespräche haben deswegen nicht zuletzt den Zweck, zu erkunden, wo solche Gemeinsamkeiten liegen können und sich ihrer zu vergewissern. Bewußt und unbewußt zeichnet in einer Unterhaltung jeder jederzeit das Bild seines Hintergrunds. Das wird durch die Tatsache noch erleichtert, daß in der Türkei in den letzten Jahrzehnten eine «Sprachrevolution» stattgefunden hat, wie übrigens auch in vielen anderen Ländern der Region wie Griechenland, Ägypten oder dem Iran. Als die Türkei nach dem Ersten Weltkrieg zum modernen Nationalstaat wurde, begannen bald Kampagnen: Die alte, vom Arabischen und Persischen geprägte Bildungssprache, von vielen Intellektuellen schon länger als rückständig und kompliziert empfunden, wurde in Schulen und den lange staatlich kontrollierten Medien von einer neuen, «nationalen» und volksnahen Sprache abgelöst. Mehr als die Hälfte des Wortschatzes sollte ersetzt werden durch «echt» türkische Wörter der Umgangssprache, zunehmend aber auch durch neu erfundene Wörter, die vom «einfachen Mann» genausowenig

Trockene Böden, geringe Erträge – und doch lebt ein großer Teil der türkischen Bevölkerung von der Landwirtschaft.

verstanden wurden wie die alte Bildungssprache. Das Resultat sieht zunächst aus wie eine ziemliche Sprachverwirrung: Die neue Bildungssprache ist recht wenig differenziert, besteht aber tatsächlich fast ausschließlich aus türkischen Wörtern. Die Konservativen dagegen, die in der Türkei oft religiös orientiert sind, verwenden eine traditionellere Sprache, in der zahlreiche arabische und persische Elemente überlebt haben. Die tägliche Umgangssprache ist oft ein Kompromiß, aber wie der ausfällt, sagt viel über den aus, der da spricht.

Es beginnt schon beim Gruß: Wer «Friede sei mit Euch» sagt, zeigt, daß er keine Schwierigkeiten mit der Religion hat. Wenn daraufhin einer nicht das traditionell vorgesehene «und mit Euch sei Friede» zurückgibt, sondern statt dessen «Guten Tag!» sagt, macht er ganz deutlich, daß er mit Islam und Tradition nichts zu tun haben will. Und der Rest des Gesprächs ist vermutlich nicht so einfach. Wenn die beiden nicht ganz schnell eine andere Gemeinsamkeit finden, wird das eine kühle und kurze Begegnung. Denn beide Gesprächsteilnehmer haben mit dem ersten Wort schon erkannt, daß sie nicht zueinander gehören (also kann von Sprachverwirrung keine Rede sein: Die Nachricht wurde ja verstanden).

In den letzten Jahren entwickelte sich eine florierende Baumwollindustrie (oben); die Arbeit in den Olivenhainen hingegen hat sich seit vielen Jahrhunderten nicht verändert (unten).

Wohin gehört die Türkei?

Zueinander zu gehören ist wesentlich. Denn die Türkei ist nicht nur ein dynamisches Land, sondern auch ein zerrissenes und verunsichertes. Was für den einzelnen gilt, stimmt insofern für die gesamte Gesellschaft: Die Türkei muß sich immer wieder selbst versichern, wohin sie gehört. Anders als für den einzelnen ist diese Frage für das Land aber bislang ungelöst geblieben. Der einzelne, ob er will oder nicht, sucht sich eine Lebensweise und eine Umgebung von Menschen, die sie teilen oder doch wenigstens respektieren. Es ist in der Türkei wahrscheinlicher als in vielen anderen Ländern, daß ihn eine solche Wahl in bitteren

Erholung und Entspannung garantieren die Hamams, Badehäuser, die es vor allem in den Städten gibt. Hier kann man in Ruhe ein Schwitzbad nehmen und sich massieren lassen.

Konflikt mit anderen bringen wird. Es kann ganz schön kompliziert sein, als Tochter eines Imams nicht mehr gläubig zu sein und bei einer Werbeagentur arbeiten zu wollen (oder, um ein weniger oft gebrauchtes Klischee zu benutzen, als Sohn einer stramm republikanischen Lehrerin in einen Derwischorden einzutreten). Aber gerade in den großen Städten besteht eine reelle Chance für den einzelnen, eine soziale Umgebung zu finden, die ihm erlaubt zu leben, wie es ihm (oder ihr) paßt. Für das Land als Ganzes gibt es keine solche Stadt. Und das ist nun schon seit knapp zweihundert Jahren so. Seit dem Anfang des 19. Jahrhunderts geriet der

Badefreuden im Hamam

Aus der harmonischen Verbindung der römischen mit der islamischen Badekultur entwickelte sich jene Einrichtung, die die Türken mit dem Wort «hamam» benennen: das türkische Bad. Wie sieht es im Inneren eines Hamams aus? An den Umkleideraum, in dem man sich auch nach dem Bad ausruht, schließt sich ein mäßig warmer Raum an, durch den man nach kurzer Akklimatisierung den von Dampf erfüllten Baderaum betritt. An seinen Wänden befinden sich Wasserhähne, in der Mitte steht der von unten beheizte Massagetisch, auf dem man sich zum Schwitzen niederläßt. Eine fachkundige Massage und die Abreibung mit dem rauhen Waschhandschuh («kese») gehören dazu, um sich nach dem Besuch im Hamam wie neugeboren zu fühlen.

östliche Mittelmeerraum massiv in das wirtschaftliche und militärische Kraftfeld der europäischen Großmächte. Seitdem wächst die Welt zusammen, in einem mühsamen, konfliktreichen, aber anscheinend unaufhaltsamen Prozeß, in dem die heute sogenannte «entwickelte Welt« im Mittelpunkt steht.

Am Anfang dieser Entwicklung war die Türkei das Zentrum des riesigen, multikonfessionellen Vielvölkerreichs der Osmanen, eines islamisch dominierten Staates, der im wesentlichen ein Agrarland war. Eines Reiches, in dem es über mehr als fünf Jahrhunderte gelungen war – meist auf friedliche Weise – eine ungeheure Vielfalt von Lebensformen, Glaubensrichtungen und Sprachgemeinschaften zu integrieren. Heute ist die Türkei ein Nationalstaat, in dem die Industrie weit mehr produziert als die Landwirtschaft, in dem die meisten Menschen in Städten leben und es seit mehr als siebzig Jahren offiziell keine Staatsreligion mehr gibt. Es war ein langer, harter Weg voller Windungen; und es hat viele Verlierer und Opfer gegeben. Und wie für manch anderes Land sprang für die Türkei nie mehr dabei heraus als ein komplizierter und ungemütlicher Platz am Rand.

In manchen Gegenden der Türkei sind die Lebensräume von Mann und Frau noch immer streng getrennt. Zum Bereich der Männer gehören die Welt des Teehauses, Wasserpfeife, Spiel und Unterhaltung eingeschlossen, oder auch der Barbiersalon.

In gewissem Sinne war das unvermeidbar. Denn der Weg in die Moderne begann ganz anders als beispielsweise in den Niederlanden oder in England. Nicht Handelsinteressen, technische Entwicklungen oder das Geschäftsgebaren des Bürgertums waren die treibende Kraft: Das Projekt der Veränderung beruhte auf Absichten der Regierung. Den osmanischen Sultanen am Anfang des 19. Jahrhunderts ging es zunächst um Nachahmung einiger weniger und isolierter europäischer Entwicklungen, vor allem aber um die Schaffung einer modernen Armee. Ihr Ziel war dabei

Mehr als hundert Griffe kennt der Ölringkampf, bei dem die eingeölten Kämpfer nach dem K.o.-System gegeneinander antreten. Ob auf der Dorfwiese oder in Edirne bei den alljährlich ausgetragenen Landesmeisterschaften: Die Wettkämpfe sind immer ein vielbesuchtes Volksvergnügen.

ursprünglich gerade, sich nicht oder doch wenigstens nicht wesentlich zu ändern: Alles sollte bleiben, wie es war, lediglich an Macht wollten die Osmanen wieder gewinnen, eben um zu bleiben, was sie waren.

Nach kurzer Zeit stellte sich allerdings heraus, daß es so nicht gehen würde. Zum einen war es nicht möglich, die Veränderungen so eng wie geplant einzugrenzen. Für eine moderne Armee brauchte man ein modernisiertes Finanzwesen und eine produktivere Wirtschaft wie auch moderne Offiziersschulen. All das hatte Folgen für die osmanische Gesellschaft, die wiederum kaum kontrollierbar waren. Zum anderen konnte es nicht bei der Nachahmung bleiben. Was in Frankreich zu funktionieren schien, war eventuell ganz ungeeignet für West-Anatolien, und was dort klappte, mochte zum Beispiel in Syrien scheitern. Die osmanische Gesellschaft hatte noch nie einfach alles mit sich machen lassen: Jetzt merkten das auch die Reformer. So ergab sich ein ganz eigener Weg durch die Neuzeit. Besonders schmerzlich war dabei, daß er von so vielen Niederlagen gepflastert war – während man an seiner Modernisierung arbeitete, zerfiel das Osmanische Reich, wurde an den Kabinettstischen in St. Petersburg, Wien, Berlin, London und Paris zerteilt. Eine konfessionelle Gruppe nach der anderen verwandelte sich in ein Volk und kämpfte um einen eigenen Staat. Mit Unterstützung der Großmächte waren diese Bewegungen fast immer erfolgreich. Das Flüchtlingselend des 19. und frühen 20. Jahrhunderts war sehr, sehr oft das türkischsprachiger Muslime, die sich auf den Weg in den Rest des Osmanischen Reiches machten.

Die Traumata dieser Jahrzehnte sind nie recht bewältigt worden. Fast am bittersten war die letzte Zeit des Reiches. Gerade in den Jahren nach 1908, als nach einem Putsch junger Offiziere, der sogenannten «Jungtürken», das Osmanische Reich ein Verfassungsstaat geworden war, folgte ein Krieg nach dem anderen, und einer blutiger als der andere: der Krieg in Tripolitanien, dem heutigen Libyen, die beiden Balkankriege von 1912 und 1913, der Erste Weltkrieg. Danach war von der Unabhängigkeit und dem Territorium des Osmanischen Reiches nicht mehr viel übrig. Es folgte der mit verzweifelter Entschlossenheit geführte Unabhängigkeitskrieg (1919–1922) gegen die Besetzung und Aufteilung Anatoliens und Ost-Thrakiens, der mit dem Sieg über die griechischen und alliierten Besatzer endete. Der Reisende begegnet immer noch auf Schritt und Tritt Bildern Mustafa Kemals, des späteren Atatürks, («Vater der Türken»; 1881–1938) der diesen Unabhängigkeitskrieg initiierte und kommandierte, und danach vom zentralanatolischen Ankara aus im Jahr 1923 die Republik Türkei formte. Nur wenn man sich die Schmerzlichkeit dieser Vorgeschichte vor Augen hält, kann man verstehen, warum der Kult um diesen Mann bis heute überlebt hat.

Als türkischer Nationalsport können auch die Kamelkämpfe gelten, bei denen die aufwendig geschmückten Kamelbullen sich gegenseitig in die Knie zu zwingen versuchen.

Nicht nur, daß jedes Dorf auf seinem Platz seine Büste, jedes Städtchen seine Statue, jede Amtsstube und jeder Geldschein sein Bild trägt: Das ist staatliche Ideologie. Aber nach wie vor ist das scharf geschnittene Gesicht auch eine private Ikone: in Geschäften, auf Zeitungen, in Wohnzimmern – vielleicht mit etwas nachlassender Häufigkeit und immer mehr mit Fotos aus seinen letzten Jahren, die einen etwas erschöpft dreinblickenden, gelassenen Mann in elegantem Zivil zeigen, nicht mehr den schneidigen Offizier der jungen Jahre.

Vielleicht noch wichtiger als sein militärischer Sieg ist heute, daß Atatürk der türkischen Gesellschaft ihr Selbstbewußtsein wiedergab, das ihr in den vorangegangenen Jahrzehnten der Existenz als sprichwörtlich «kranker Mann am Bosporus» abhanden gekommen war.

İstanbuls Nachtleben spielt sich vor allem im Stadtteil Beyoğlu ab. Zahlreiche Clubs und Kasinos bieten Shows und Tanzvorführungen an – und natürlich zeigen auch Bauchtänzerinnen ihr Können.

So vielseitig wie die türkische Musik sind auch die verwendeten Instrumente, hier eine Harfe. Kein größeres Fest vergeht ohne Tänze mit regional sehr unterschiedlichen Rhythmen.

Absolut verständlich ist es daher, daß Atatürk, seine Gefolgsleute und Mitarbeiter verleugneten, wie sehr ihre Errungenschaften auf den Leistungen und Erfahrungen der letzten Jahrzehnte aufbauten. Sie waren Offiziere und Bürokraten, eine selbstbewußte, pragmatisch handelnde Elite, der es darum ging, die Türkei zu modernisieren und das in ihrer Bevölkerung steckende Potential zu nutzen, und die keinen Grund sah, dabei auf Traditionen Rücksicht zu nehmen. Jeder sollte lesen und schreiben können. Die Frauen sollten gleiche Rechte haben. Es sollte Fabriken geben, Eisenbahnen sollten fahren, Beethoven sollte gespielt werden, Teppiche geknüpft und ein verständliches, klares Türkisch gesprochen werden. Der «Kemalismus» (so wird das umfassende Reformwerk Atatürks bezeichnet), der als Befreiungsbewegung begonnen hatte, nahm die Form einer Kulturrevolution von oben an.

Alles Osmanische, alles Traditionelle und deswegen auch alles Islamische stand unter dem Verdacht, dafür verantwortlich zu sein, daß aus dem türkischen Volk nicht mehr geworden war. Dabei war der türkische Nationalismus anfangs als islamisch geprägte Bewegung entstanden, schon in Reaktion auf die Nationalbewegungen des Balkans, die sich ja oft auch entlang religiöser Linien entwickelten. Erst Anfang des 20. Jahrhunderts zeigte sich, daß nicht-türkische Muslime wie vor allem die Araber nicht gewillt waren, türkische Privilegien in der Gesellschaft anzuerkennen. Jetzt, nach dem Unabhängigkeitskrieg, kam es zum

Männer unter sich: Ausführlich werden im Teegarten die Neuigkeiten des Tages diskutiert.

Ein kleiner Teil der kurdischen Bevölkerung im östlichen Anatolien lebt noch auf traditionelle Weise als Nomaden. Die Großfamilie spielt bis heute eine tragende Rolle.

radikalen Wechsel: Man suchte nach dem echt Türkischen und wollte es fördern, so wie bei der bereits erwähnten Sprachrevolution. Deswegen hieß das Schlagwort Modernisierung, nicht Europäisierung. Die Politiker der kemalistischen Republik befaßten sich zwar gründlich mit den europäischen Gegebenheiten, führten aber nur Reglements, Neuerungen und Gesetze ein, die sie als universell verstanden: So mißt man beispielsweise heute in der Türkei mit Metern und Kilogramm, der Gregorianische Kalender gilt, und der Sonntag ist Feiertag. Türkische Gesetze entsprechen seit den zwanziger Jahren den Prinzipien internationaler Jurisprudenz.

Andererseits wurde intensiv die «nationale» türkische Volkskultur gefördert. Dies merkt man auch der türkischen Popmusik an, die der Reisende überall im Land zu hören bekommt: Diese Musik wird türkisch gesungen, und die Harmonien stammen aus der Volksmusik. Die kemalistische Lösung für das Problem der Zugehörigkeit lautete (und lautet bis heute): Die Türkei gehört zu sich selbst.

Wie hältst Du's mit der Religion?

Es wird deutlich: Wohin die Türkei gehört, wird nicht zuletzt historisch diskutiert. Das politisiert die Geschichte, macht Sehenswürdigkeiten zum Objekt politischer Spekulation. Eine alte Hauptforderung vieler Konservativer ist es, die Mosaiken in der Hagia Sophia wieder zu verdecken und das Gebäude als Moschee zu nutzen wie bis 1935. Ein Gruppe radikalchauvinistischer Politiker schlägt vor, alle nicht-türkischen und nicht-muslimischen Kunstwerke ins Ausland zu verkaufen. Der stellvertretende Vorsitzende der islamistischen Wohlfahrtspartei spricht

sich dafür aus, die mit Hilfe der UNESCO und großem Aufwand restaurierten byzantinischen Stadtmauern İstanbuls als nicht-türkisch abzureißen und an ihre Stelle dringend benötigte Wohnungen zu bauen. Andererseits fordern Sozialdemokraten die Rückführung des Pergamon-Altars von Berlin nach Bergama (haben sich aber noch nicht dafür ausgesprochen, die Schätze der Archäologischen Museen İstanbuls in den Libanon und den Irak zu schaffen, woher sie zum großen Teil stammen). Wer gegen Atatürk ist, sucht sich Identifikationsfiguren in der Geschichte, etwa Mehmed den Eroberer (1451–1481) oder den despotisch

Der Alltag der Nomaden: Während die Frau ihr Kind versorgt, jagen die Männer im wilden Ritt über die Ebene.

regierenden Abdülhamid II. (1876–1909). Gerne werden solche Männer als Symbolfiguren einer anderen Türkei gezeichnet, die sich selbst gefunden hat: eines Landes, das weiß, daß es islamisch ist. Denn nicht nur die Geschichte wird politisiert, sondern auch die Religion. Ist die Türkei ein islamisches Land? Die Antwort der Kemalisten: Nein, sie ist ein von Muslimen bewohntes. Der Unterschied ist entscheidend. Denn im ersten Fall akzeptiert man, daß die Grundsätze des Islams das Zusammenleben regeln. Im zweiten ist die Religion Privatsache. Aber wie weit ist das in der Türkei überhaupt möglich?

Die meisten Religionen haben auch politischen Anspruch, schon wegen ihrer ethischen Grundsätze. Der Islam ist darüber hinaus, ähnlich wie das Judentum, eine Gesetzesreligion. Der Anspruch muslimischer Gelehrter und islamistischer Aktivisten ist, daß die religiösen Regeln das Leben des Gläubigen bis ins Kleinste bestimmen. Deshalb hat sich eine historische Auslegung des Korans und anderer religiös verbindlicher Texte bis jetzt niemals durchsetzen können. Der Grundsatzkonflikt ist vorprogrammiert, wann immer eine religiös-gesetzliche Regelung

Frauen leben im Spannungsfeld zwischen althergebrachter, von der Religion vorgegebener Beschränkung und der in der Verfassung verankerten Gleichberechtigung der Geschlechter. Viele junge Mädchen stellen die herkömmliche Rolle der Frau in Frage, auch wenn sie zugleich mit Begeisterung in einer Folkloregruppe auftreten.

öffentlich mißachtet wird oder der Staat ihre Einhaltung unmöglich macht. Die «Kopftuchfrage» ist hierfür ein typisches Beispiel: Im Jahr 1925 wurde verboten, all jene Kleidung in der Öffentlichkeit zu tragen, die als «islamisch» verstanden wurde. Bei den Männern war das verhältnismäßig unproblematisch: Turban und der erst seit gut hundert Jahren übliche Fes mußten durch eine andere Kopfbedeckung ersetzt werden; nach dem noch heute mit Verfassungsrang gültigen Gesetz muß jeder Mann im Land ständig einen Hut tragen (keine Sorge, mit Sanktionen ist nicht zu rechnen, falls sich der Reisende barhäuptig zeigt!). Im Fall der Frauen wurde das Gesetz so angewandt, daß sie sich in staatlichen Gebäuden weder verschleiern, noch den Kopf mit einem Kopftuch bedecken durften.

Diese Regelung führte dann zum Streit, als es genügend religiöse Frauen gab, die auch als Studentin oder gar Dozentin in der Universität auf das Kopftuch nicht verzichten wollten. Jahrelang eskalierte der Streit, es kam zu Entlassungen und Exmatrikulationen, zu Massendemonstrationen und Schlagstockeinsätzen der

Bewußt gelebter Glaube soll auch nach außen hin sichtbar sein, deshalb gehen viele Schülerinnen nur verschleiert auf die Straße (oben). Noch aus der Zeit Kaiser Justinans (6. Jh.) stammen die unterirdischen Zisternen İstanbuls, die der Wasserversorgung dienten (unten). Kalligraphie-Detail in der Großen Moschee von Bursa (Mitte unten).

Eindrucksvolle Zeugen islamischen Glaubens sind die prachtvollen Bauten der Blauen Moschee in İstanbul (Mitte oben) oder der Konak-Moschee auf dem gleichnamigen Platz in İzmir (unten).

Polizei. Heute haben sich die Kopftuchträgerinnen de facto durchgesetzt. Aber das Recht, sich so zu kleiden, wie sie wollen, haben sie nicht erringen können.

Das Beispiel zeigt, wie der Staat seinen Säkularismus versteht: als Kontrolle der Religion und des religiösen Lebens. Tatsächlich gibt es eine staatliche Behörde, die für das religiöse Leben zuständig ist und es im Sinne des sunnitischen Islams ordnen soll: das Präsidium für Religiöse Angelegenheiten. Die Existenz dieses Präsidiums hat dazu geführt, daß eine bestimmte, staatsnahe Form des Islams allen anderen gegenüber privilegiert ist: den offiziell immer noch verbotenen mystischen Derwischorden gegenüber etwa, und vor allem gegenüber den häretischen Aleviten, die etwa ein Fünftel der Bevölkerung ausmachen.

Trotzdem haben gerade in den letzten Jahren Bruderschaften und «Gemeinden» außerhalb staatlicher Aufsicht großen Zulauf erhalten. Sie sind inzwischen so stark geworden, daß sie jetzt versuchen, im Präsidium Einfluß zu bekommen. Das verstärkt die Neigung vieler Angestellter dieser Behörde, nicht Agenten der laizistischen Regierung zur Kontrolle der Religion zu sein, sondern Vertreter des Islams im Staat.

Im Lauf dieser Entwicklung hat der türkische Islam wieder etwas mehr von seiner Vielfalt und seinem intellektuellen Niveau zurückgewonnen, die ihn im Osmanischen Reich auszeichneten. Keine politische Kraft, auch nicht die islamistische Wohlfahrtspartei Necmettin Erbakans, kann beanspruchen, ihn ganz zu vertreten. Oft wird diese Situation als Zersplitterung und Schwäche verstanden, schon weil «Einheit» ein hoher Wert für viele Muslime ist. Tatsächlich handelt es sich eher wohl um eine Stärke: Nur eine solche Vielfalt kann das Land wirklich verändern.

Vor jedem Gebet sind rituelle Waschungen vorgeschrieben.

Mehr als 95 Prozent der türkischen Bevölkerung bezeichnen sich als Muslime. Sie ruft der Muezzin fünfmal täglich zum Gebet. In den Koranschulen werden die Kinder im Glauben unterwiesen. Zum Leben der islamischen Geistlichen gehört auch das intensive Studium religiöser Texte (rechts unten ein Derwisch im Museum des Mevlana-Klosters, Konya).

Die Dynamik eines ganz besonderen Landes

Wird sich die Türkei zu einem islamischen Staat entwickeln? Nein, wohl kaum, wie es vermutlich auch nicht zu einer Abspaltung eines kurdischen Staates kommen wird. Optimisten können sogar argumentieren, daß heute wenigstens klar ist, daß viele Bewohner des Landes sich zuallererst als Muslime empfinden. Um ein Thema anzusprechen, das in diesem Text aus Platzgründen vernachlässigt wurde: Klar ist auch, daß es in der Türkei eine kurdische Minderheit gibt (genauer gesagt: kurdische Minderheiten, denn neben der großen Gruppe von Kirmandschi-Sprechern gibt es auch Kurden anderer Sprachen und vor allem die knappe Million Sprecher des Zaza, einer zwar iranischen, aber nicht kurdischen Sprache). Beides hätte noch vor ein paar Jahren in der Türkei nicht so deutlich ausgesprochen werden dürfen. Andererseits ist das Land als Brücke zwischen Europa und dem

Nahen Osten auf Dauer nicht in Anspruch zu nehmen. Dazu hat sie zuviel Eigengewicht. Und die Annahme, daß die Türkei ganz von selbst in absehbarer Zeit in Europa ankommen würde, war wohl eine Illusion: Die Türkei war und ist auf der Suche nach ihrer Eigenart, nicht nach dem besten Weg, sie aufzugeben.

Solch ein Vorhaben ist problematisch in einer Zeit der Globalisierung. Die Türkei ist ein Markt, und sie produziert für den Weltmarkt. Das hat das Land geöffnet und wird es weiter öffnen. Doch volle Teilnahme am Reichtum der entwickelten Welt wird nur den Ländern ermöglicht, die wichtig und stark genug dazu sind. Zu diesen Ländern gehört die Türkei dann auch wieder nicht. Das erklärt viel von den Widersprüchen und Gegensätzen, die hier anzutreffen sind.

Der Reisende kann selbst viel entdecken, wenn er die Augen aufmacht. Er wird ein Land finden, das etwas Besonderes ist, mit Bewohnern, die sich auf ihn einlassen werden. Die Türkei beschenkt ihn mehr, als er sie wird beschenken können.

Fes
Coca-Cola
Fes Cafe

Während eines Bummels durch İstanbuls Gedeckten Bazar kann man bei Tee und Kaffee die Eindrücke der bunten Marktfülle auf sich wirken lassen.

Raffinesse und Vielfalt

Die Türkei kulinarisch

Bis vor fünfzehn Jahren hieß das Gericht hierzulande noch überwiegend «Gyros», inzwischen kennt man es immer mehr als «Döner»: Die türkische Küche teilt vieles mit der ihrer Nachbarn im Iran, in der arabischen Welt sowie in Südosteuropa. Dabei hat die Türkei zwei Vorteile: die geographische Mannigfaltigkeit des Landes, die fast alles wachsen läßt, was man sich auf dem Teller wünschen kann, und die alte Tradition einer raffinierten Palastküche. Beides ist Grund für die Vielfalt, welche die kulinarische Kultur des Landes besonders auszeichnet: Die reichliche Verwendung von Olivenöl ist charakteristisch für den Südteil des Landes; die Küche am Schwarzen Meer, in der Fisch, Kohl und Mais die Hauptrolle spielen, ist schwer und exotisch, und im Südosten wird, arabischen Einflüssen gemäß, scharf gewürzt.

Besonders typisch sind die ausgiebigen Mahlzeiten, die

4

1

2

3

5

Anhänger lukullischer Freuden werden ein geselliges Abendessen (1) ebenso schätzen wie die am Straßenrand gegrillten Sardinen (2) oder auch Sesamringe als kleine Zwischenmahlzeit (3).

Bei Großveranstaltungen sorgen üppige Buffets, bei denen ein Grill nicht fehlen darf, für das leibliche Wohl der Gäste (4). Die Herstellung von «yufka», einem hauchdünnen Fladenbrot, erfordert Übung und geschickte Hände (5). Das berühmte «döner kebap» wird von eigens dafür ausgebildeten Köchen zubereitet (6). Frisches Obst und Gemüse sind in der türkischen Küche unentbehrlich (7 und 8).

abends im Familien- oder Freundeskreis genossen werden. Auf die «mezeler», kalte Vorspeisen aus Gemüsen, Fleisch und Fisch, folgen «sıcak mezeler», warme Zwischengerichte wie «börek» (Teigwaren, meist gefüllt), mit Zimt gewürzte Albanische Leber oder Tintenfischringe, und dann erst der Hauptgang, in der Regel gegrilltes Fleisch oder Fisch. Dazu trinkt man den mit Anis versetzten Raki oder aber den meist trockenen einheimischen Wein.

Zum Abschluß darf ein türkischer Kaffee nicht fehlen, den man «sade» (ungesüßt), «orta» (leicht gezuckert) oder «şekerli» (sehr süß) serviert. Ausgerechnet der traditionell mit den «Türken» assoziierte Kaffee ist der einzige Bestandteil eines solchen Essens, der nicht im Land selbst erzeugt wird. Nationalgetränk ist seit

6

7

8

einigen Jahrzehnten der Tee («çay»), der im östlichen Schwarzmeergebiet angebaut und im Samowar gebraut wird, und den man den ganzen Tag über aus kleinen Gläschen genießt. Nur zu den Süßigkeiten gibt es ihn nicht: Zu den Blätterteigpasteten («baklava»), den süßen Milchspeisen («muhallebi») und dem türkischen Honig («helva») trinkt man nur Wasser.

Schließlich sollen noch zwei typische Durstlöscher erwähnt werden: «ayran», ein leicht gesalzenes Joghurtgetränk, das vor allem im Sommer sehr erfrischt, und «salep», ein aus einer stärkehaltigen Wurzel gewonnenes Pulver, gesüßt und mit Wasser oder Milch aufgebraut, mit Zimt bestreut – wärmend und kräftig im Winter.

Christoph K. Neumann

Von Europa nach Asien

Thrakien, İstanbul und die Marmararegion

Gelb strahlt das sanft gewellte Land über sattem Grün – Sonnenblumenfelder, so weit das Auge reicht. Ost-Thrakien, der den Türken verbliebene Teil Europas, ist eines der fruchtbarsten Gebiete der Türkei. Eine große türkische Minderheit lebt auf der anderen Seite der Grenze unter griechischer Fahne, doch sonst kaum anders als hier: in wohlhabenden Dörfern, gemütlichen ländlichen Kleinstädten und kleinen Fischersiedlungen, wie etwa am Golf von Saros auf der Halbinsel Gallipoli. Gleich zwei weltgeschichtlich bedeutende Meerengen trennen Thrakien vom kleinasiatischen Festland: der Bosporus und die Dardanellen. So ist es kein Wunder, daß bei Gallipoli (Gelibolu) an den Dardanellen, schon weit vom geschrumpften Byzanz entfernt, die osmanischen Türken über das Marmarameer setzten, um in der Mitte des 14. Jahrhunderts zum ersten Mal auf europäischem Gebiet Fuß zu fassen. Das Abenteuer sollte sie bis vor die Tore Wiens bringen – doch zuletzt, um die Jahrhundertwende, schien selbst der Verlust der thrakischen Kapitale und zweiten Hauptstadt des Osmanischen Reiches, Edirne, fast schon besiegelt.

İstanbul, eine Stadt, die auf zwei Kontinenten liegt: Die 1973 fertiggestellte Bosporus-Brücke – hier hinter der neobarocken Moschee im Vorort Ortaköy – verbindet Europa und Asien.

Nicht nur wiedererobert, sondern auch auf vorbildliche Weise dem Verfall entrissen, präsentiert sich die Innenstadt von *Edirne* heute: Neben dem Wahrzeichen der Stadt, der Selimiye-Moschee, einem der größten Meisterwerke türkischer Sakralarchitektur, zieren ihr Zentrum zahlreiche gut restaurierte Bauten: der Bedesten, ein überkuppelter Basar, gleich nebenan die Rüstem-Pascha-Karawanserei aus dem Jahr 1560 sowie mehrere Moscheen und Bäder (Hamam) aus der Blütezeit des Osmanischen Reiches im 16. Jahrhundert. Vielerorts laden großzügige Teegärten – Treffpunkte auch der zahlreichen Studenten der lebendigen Stadt – zum Ausruhen ein.

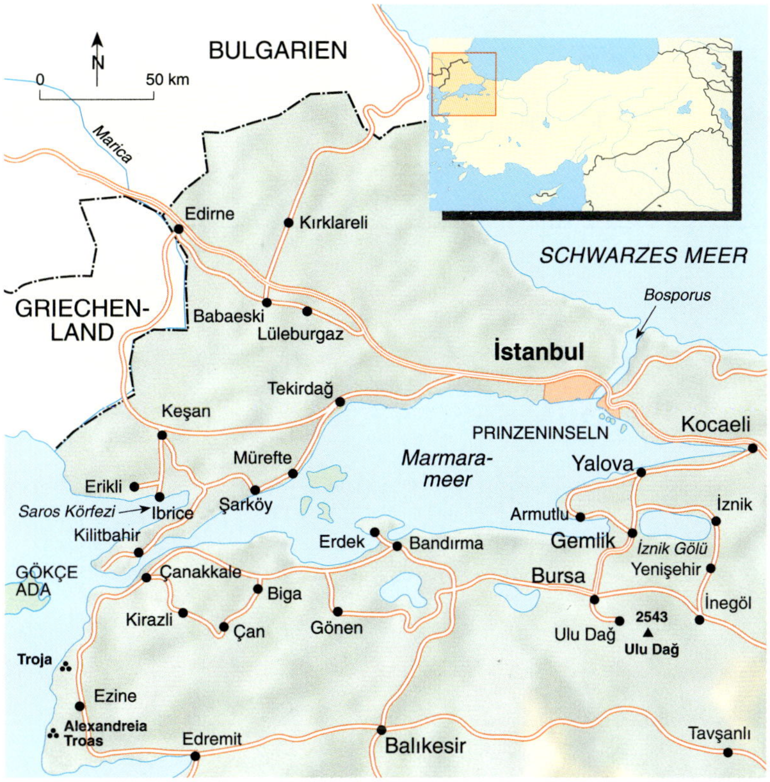

Vom Fischerboot auf den Grill: Die Anlegestelle von Karaköy, nicht weit von der Galata-Brücke, ist eine gute Adresse, um in İstanbul fangfrischen Fisch zu genießen.

Weit sicherer als Edirne liegt da schon *Bursa*, die erste Hauptstadt der Osmanen, im kleinasiatischen Marmaragebiet in sanfter, grünbewaldeter Mittelgebirgslandschaft zu Füßen des 2543 Meter hohen mysischen Olymps, heute Ulu Dağ genannt. Neben dem Ausflug per Seilbahn auf seinen selbst im Sommer schneebedeckten Gipfel (Talstation im Viertel Tophane) ist der Besuch der Moscheen und Mausoleen der Stadt ein unbedingtes Muß: Großer Basar, Große Moschee (die typische Pfeilermoschee mit ihren schönen Kalligraphien entstand gegen 1400) und der Koza Hanı, in dem die schönen Stoffe der Seidenstadt dargeboten werden, liegen eng beieinander. Ein kleiner Fußweg führt über das Flüßchen Gökdere Suyu zur Grünen Türbe (Grünes Mausoleum), der mit wundervollen Fayencen verzierten Grabstätte Mehmets I. aus dem Jahr 1421. Gleich daneben befindet sich die 1422 vollendete Grüne Moschee, benannt nach den prächtigen türkisgrünen Fliesen, die ihr Inneres zieren. In der benachbarten Grünen Medrese ist das Museum für türkische und islamische Kunst untergebracht, das eine interessante ethnographische Sammlung mit schönen Beispielen türkischer Trachten besitzt. Westlich der Zitadelle, die einen wunderbaren Ausblick über die Stadt bietet, findet man hangabwärts den Komplex der Muradiye-Moschee. Sie ist nach Sultan Murat II. benannt, der hier seit 1451 unter schattigen Magnolienbäumen ruht – neben vielen anderen Mitgliedern seiner Dynastie. Nicht versäumen sollte man bei einem Aufenthalt in dem für seine Thermalquellen berühmten

Wer sich auf dem Rundgang durch İstanbul eine Pause gönnen möchte, sollte eine beschauliche Fahrt mit der kleinen alten «tramvay» unternehmen, die vom Taksim-Platz durch die Fußgängerzone İstiklal Caddesi zum Tunnel-Platz verkehrt.

Montmartre läßt grüßen: Ortaköy mit seinen niedrigen Holzhäusern ist besonders bei Studenten und Künstlern beliebt (oben). Durch das Serasker-Tor an der Nordseite des Beyazıt-Platzes betritt man das Gelände der Universität İstanbul (unten).

Bursa den Besuch des Stadtteils Çekirge mit seinen gut restaurierten, glanzvollen osmanischen Bädern. Vor allem das Thermalbad Eski Kaplıca kann auf eine lange Geschichte zurückblicken: Erbaut in der Regierungszeit Murats I. (1360–1389), gilt es als eines der frühesten Beispiele osmanischer Architektur.

Stadt der Konzile – İznik

Nur eine Stunde Busfahrt von Bursa entfernt liegt am Ufer des İznik-Sees das gleichnamige Landstädtchen, das einstige Nikaia. Schwer vorstellbar, daß dieses verschlafene Nest einmal römische Provinzhauptstadt und im 13. Jahrhundert gar Hauptstadt des Byzantinischen Kaiserreichs war – zur Zeit der Eroberung Konstantinopels durch die lateinischen Kreuzritter herrschte hier die Exilregierung der Laskariden. Ein *römisches Theater* aus der Zeit Kaiser Hadrians, mächtige *Stadtmauern* – der geschrumpften Siedlung heute ein gar zu großes Kleid – und die Kirche *Hagia Sophia* künden noch von der vortürkischen Geschichte der Stadt. Wie bedeutend sie einst war, beweist auch ihr Platz in der Kirchengeschichte. Gleich zwei wichtige Konzile fanden hier statt: Die Wesensgleichheit Christi, die Tatsache also, daß Christus Mensch und Gott in einer Person war, wurde auf dem ersten Ökumenischen Konzil im Jahr 325 beschlossen. Das siebte Ökumenische Konzil von 787 dagegen beendete die Periode des Ikonoklasmus, des Bilderverbots, im Byzantinischen Reich. Doch auch die Osmanen, die unter Sultan Orhan 1331 die Herrschaft über die Stadt erlangten, haben berühmte Bauten hinterlassen. Nach den herrlichen türkisen Fayencen ihres Minaretts ist die *Grüne Moschee* aus dem Jahr 1391 benannt. Ihre reich verzierte

Leicht ist es nicht, sich auf den Straßen und Plätzen İstanbuls als Schuhputzer seinen Lebensunterhalt zu verdienen; mit einem Stammplatz vor einer der Sehenswürdigkeiten bestehen jedoch gute Chancen, auch den ein oder anderen Touristen anzulocken.

Die Blaue Moschee wurde zwischen 1609 und 1616 errichtet. Sechs Minarette umstehen den prächtigen Bau und seinen Innenhof, dessen Mitte ein zierlicher Brunnen aus Marmor schmückt.

Marmorgebetsnische ist das früheste osmanische Exemplar seiner Art. Hervorragende Beispiele der im ganzen Land bekannten Fayencenproduktion İzniks, aber auch eine reiche Sammlung kleinasiatischer Münzen zeigt das *Archäologische Museum* in der nahegelegenen, im Jahr 1388 von Sultan Murat I. für seine Mutter errichteten Nilüfer-Hatun-Armenküche.

İstanbul – Moderne und Megadorf, Moloch und Metropole

Wer in einem der ruhigen Teegärten sitzt, kann es sich gar nicht vorstellen: İstanbuls Einwohnerzahl wird mittlerweile auf rund zwölf Millionen Einwohner geschätzt. Das Gebiet der Metropole erstreckt sich von İzmit bis weit an die thrakische Küste und wird bald die Stadt Tekirdağ erreicht haben. Prägen Moscheen mit ihren Minaretts noch immer die Silhouette Alt-İstanbuls, so ragen

260 Fenster erhellen den Innenraum der Blauen Moschee, so daß die prächtigen Wandfliesen aus den Werkstätten von İznik schön zur Geltung kommen. Zu den prägenden Bauelementen gehören die «Elefantenfüße», vier markante Stützpfeiler, die die Hauptlast der großen Kuppel tragen.

in der Umgebung des Taksim-Platzes und im Geschäftsviertel 4. Levent die Wolkenkratzer steil in den Himmel. Händler schieben gemächlich ihre Handkarren am Straßenrand entlang, während schicke Limousinen an ihnen vorbeigleiten, in alten, klapprigen Bussen fährt der Neubürger zum Heimatbesuch nach Anatolien – über ihm der Jet, der den Manager zum Geschäftstermin nach Ankara oder İzmir bringt. Aus billigsten Materialien notdürftig zusammengezimmerte «gecekondus», so der Name der illegalen Siedlungen auf staatseigenem Gebiet, neben spiegelnden Hotelfassaden: İstanbul vereint die Gegensätze der Türkei, Reichtum und Armut, Schönheit und Verfall, Moderne und Vergangenheit, konzentriert auf engstem Raum.

Und doch strahlen die Fischerdörfchen an beiden Ufern des Bosporus noch immer tiefen Frieden aus, und wie zur Jahrhundertwende erlebt man auf den Prinzeninseln die beschauliche Welt der Pferdekutschen und subtropischen Gärten. Auch das so

Im Gedeckten Basar von İstanbul (siehe auch Seite 70) fühlt man sich in ein Märchen aus Tausendundeiner Nacht versetzt (oben). Der Glanz vergangener Tage ist in den steilen Gassen von Beyoğlu noch zu ahnen: Ende des 19. Jahrhunderts war das Viertel das gesellschaftliche Zentrum der Stadt am Bosporus (Mitte).

lange vernachlässigte Pera, das ehemalige Quartier der christlichen und jüdischen Minderheiten jenseits des Goldenen Horns, erstrahlt, von Galerien und Verlagen als Künstlerviertel neu entdeckt, inzwischen wieder im alten Glanz.

Angefangen hat alles auf der Halbinsel, die, flankiert von Marmarameer und Goldenem Horn und in der sogenannten Palastspitze (Sarayburnu) endend, in den Bosporus ragt. Ungefähr um 660 v. Chr. siedelten hier die ersten griechischen Kolonisten. In den Wirren der Perserkriege wechselte das von ihnen gegründete Byzantion mehrfach den Besitzer, später hielt die Stadt, ganz opportunistisch, mal zu Athen und mal zu Sparta. Erst 73 n. Chr. verlor sie ihre Unabhängigkeit und wurde Teil des Römischen Reiches. Der wahre Aufstieg zu Ruhm und Glanz sollte noch

einige Jahrhunderte auf sich warten lassen: Im Jahr 330 ernannte Konstantin I. (324–337) die Stadt zur Hauptstadt des Oströmischen Reiches und ließ sie großzügig ausbauen. Bei einem Spaziergang über die «mese», die einstmalige Hauptstraße, heute als *Divan Yolu* in ihrem Verlauf noch gut erkennbar, lassen sich die Stationen des Ausbaus nachvollziehen: Er beginnt gegenüber der Hagia Sophia (siehe Seite 62), führt am Hippodrom (siehe Seite 149), dem Stumpf der Konstantinssäule und dem Gedeckten Basar (siehe Seite 70) vorbei zum *Valens-Aquädukt*, der die quellenlose Stadt durch ein Nymphäum am Forum Tauri mit Wasser versorgte. Unter den stattlichen Resten des Aquädukts rast heute

Der Charme der Jahrhundertwende kennzeichnet die Blumenpassage an der İstiklal Caddesi in İstanbul. Wo einst Blumen verkauft wurden, finden sich heute zahlreiche gut besuchte Lokale.

Entspannung bei Tee und Wasserpfeife, der «nargile». Bei dieser im ganzen Orient beliebten Pfeife wird der Rauch durch Wasser geleitet und dabei gereinigt und gekühlt.

Abendstimmung über der Fatih-Moschee, einer der größten und prunkvollsten Sultansmoscheen İstanbuls.

der Feierabendverkehr hindurch. Das Forum Tauri dagegen liegt gänzlich unter dem Verkehrsknotenpunkt Aksaray begraben. Aufrecht und weithin sichtbar stehen indessen noch eine gute halbe Stunde Fußmarsch entfernt die alten *Landmauern*, unter Kaiser Theodosius II. (408–450) mit 11 Toren, 96 Türmen und einer Länge von 5,7 Kilometern errichtet. Die *Chora-Kirche* (in ihrer heutigen Form aus dem 14. Jh.), der *Palast des Porphyrogennetos* (Tekfur Sarayı) aus der Palaiologenzeit um 1300 und der von 1150 bis zur türkischen Eroberung der Stadt im Jahr 1453 als offizielle Residenz der byzantinischen Kaiser dienende *Blachernen-Palast* spiegeln spätere Perioden der Geschichte von Byzanz wider.

In den Parkanlagen rund um die Hagia Sophia muß der Wasserverkäufer sicher nicht lange auf Kunden warten. Bis die Osmanen die Kirche 1453 in eine Moschee umwandelten, war sie ein Jahrtausend lang der prachtvollste Sakralbau der Christenheit.

Weitaus besser erhalten sind die Monumente aus osmanischer Zeit: Vor allem religiöse Bauten wie Moscheen und ihre weitläufigen Komplexe, die religiöse Hochschulen (Medrese), Armenküchen (Imaret), Mausoleen (Türbe) sowie Karawansereien (Kervansarayı) bergen, prägen die Atmosphäre Alt-İstanbuls. Zu den wichtigsten und prächtigsten Bauwerken dieser Art zählen die *klassischen Sultansmoscheen* Süleymaniye-Moschee, Fatih-Moschee, Beyazıt-Moschee und Şehzade-Moschee in der näheren Umgebung der Straße Divan Yolu. Auch die 1597 bis 1663 errichtete *Neue Moschee* entstand noch zur Blütezeit der Moscheebaukunst. Sie liegt nördlich des *Ägyptischen Basars* (Mısır Çarşısı) mit seinen duftenden Gewürzen, der zusammen mit dem nahegelegenen *Blumen- und Vogelmarkt* ein Kaleidoskop buntester Eindrücke vermittelt. Ebenfalls interessant ist die Mitte des 18. Jahrhunderts bereits durch europäische Vorbilder beeinflußte *Nuruosmaniye-Moschee* in der Nähe der Konstantinssäule.

Frische Sesamringe, «simit», sind ideal für den kleinen Hunger zwischendurch (oben).
Auch in İstanbul hält man vielerorts noch an den traditionellen Rollenvorstellungen fest: Die Welt der Frauen ist das Haus, während die Öffentlichkeit die Domäne der Männer darstellt (unten).

Zu den heiligen Stätten des Islams gehörte der Bezirk *Eyüp* am Goldenen Horn – ist doch der Fahnenträger des Propheten, Eyüp al-Ansari, beim vergeblichen Versuch, im Jahr 668/69 Byzanz zu erobern, hier gefallen. Grund genug für die osmanischen Sultane, sich hier zur Übernahme des Thrones das Schwert gürten zu lassen. Grund genug auch für fromme Türken, heute

Fortsetzung Seite 64

Prachtvolle Wahrzeichen İstanbuls

Topkapı-Palast und Hagia Sophia

Reihen bleigedeckter Kuppeln und spitzer Kamine inmitten eines weitläufigen Parks – so präsentiert sich der Topkapı-Palast dem Betrachter. 1478

von Sultan Mehmet II. Fatih, dem Eroberer İstanbuls, bezogen, hat sich hier auf historischem Grund – an dieser Stelle stand bereits die Akropolis der Griechen – über die Jahrhunderte hinweg eine veritable Stadt in der Stadt entwickelt. Neben dem Harem, der die Frauen, Nebenfrauen und Bediensteten des Sultans beherbergte und nur ihm und Eunuchen zugänglich war, bergen die vier Höfe des Palastes eine Reihe von Lustpavillons – besonders sehenswert sind dort der *Audienzpavillon* (Arz Odası), der *Beschneidungspavillon* (Sünnet Odası) sowie der *Erewan-Kiosk* (Revan Köşkü) und der *Bagdad-Kiosk* (Bağdad Köşkü). Zu den heiligen Stätten des Islams gehört der mit herrlichen Fayencen ausgestattete «Trakt des heiligen Mantels», in dem der Mantel des Propheten aufbewahrt wird. Weltbekannt ist auch der «Löfflerdiamant» in der glanzvollen Schatzkammer. Der Topkapı-Palast wurde 1855 verlassen, als Sultan Abdülmecit in den neuerbauten Dolmabahçe-Palast umzog, und ist seit 1924 ein Museum.

Neben der Hagia Sophia (Mitte unten) gilt der hoch über dem Bosporus errichtete Topkapı-Palast als die bedeutendste Sehenswürdigkeit İstanbuls. Die durch vier Höfe gegliederte weitläufige Anlage (links der zweite Hof) birgt Meisterwerke der Kunst der osmanischen Jahrhunderte: Metall-, Holz- und Glasarbeiten bedecken Wände und Kuppeln mit einem Netzwerk aus verschlungenen arabischen Schriftzügen und abstrakten Ornamenten.

Die unter Kaiser Justinian errichtete und am 26. Dezember 537 geweihte Hagia Sophia war fast tausend Jahre lang das geistliche Zentrum des Byzantinischen Reiches. Nach der Eroberung Konstantinopels durch die Türken diente sie als Moschee, seit 1935 ist sie Museum. Schon der erste Eindruck des Kircheninneren ist überwältigend: Den Besucher empfängt ein gewaltiger, lichtdurchfluteter Raum, in dem die Hauptkuppel über den vier mächtigen Pfeilern zu schweben scheint. Ein kleiner Rundgang führt vorbei an Gebetsnische, Vorbetertribüne und Alabastervasen aus türkischer Zeit zum Aufgang zur Galerie. Dort sollte man sich die byzantinischen Mosaiken nicht entgehen lassen: Bedeutend sind vor allem das *Mosaik Alexanders I.* auf der Nordgalerie, die *Deesis* in der Südgalerie und die *Muttergottes mit Kind* in der Apsis.

Christopher Kubaseck

noch wie früher, sich hier in der Nähe des Prophetengefährten beisetzen zu lassen. Der Friedhof am Hang oberhalb der Moschee von Eyüp gehört zu den schönsten der Stadt. Wer den steilen Berg erklommen hat, mag sich im Café «Piyer Loti» beim Tee ausruhen. Schon der französische Dichter Pierre Loti (mit bürgerlichem Namen Julien Viaud; 1850–1923), der in Eyüp gelebt hatte, genoß hier gerne die wunderbare Aussicht auf die Windungen des Goldenen Horns. Auch die Bootsfahrt auf diesem kleinen Flüßchen kann seit 1997 übrigens wieder richtig genossen werden: Die islamistische Stadtverwaltung hat sich durch ein umfassendes Sanierungs- und Säuberungsprogramm des einst stark verschmutzten Goldenen Horns verdient gemacht.

Der Ausflug an den Bosporus sollte mit der Besichtigung des *Dolmabahçe-Palastes* beginnen oder enden: Alle Pracht des verfallenden Reiches hat Abdülmecit I. (1839–1861) hier noch ein-

mal um sich versammelt – neben unvorstellbaren Mengen an Marmor, Kristall und Glas (selbst ein gläsernes Klavier kann bewundert werden) wurden allein 14 Tonnen Gold verarbeitet. Schön ist auch der Spaziergang durch den wenige Kilometer entfernten Park von *Yıldız*: Liebevoll restaurierte Pavillons wie der Malta- und der Çadır-Kiosk laden zum Verweilen und Speisen ein. Unterhalb des Parks, im Dorf *Ortaköy*, steht in reizvoller Uferlage die gleichnamige Moschee. Gleich nebenan, in den verwinkelten Gassen vor der Dampferanlegestelle, locken Cafés, Bars und Kneipen sowie ein Dauerflohmarkt die Jugend İstanbuls an. Ferienhäuser, alte Villen und Fischrestaurants prägen das heitere Bild der Bosporusdörfchen bis hinauf nach Rumeli Kavağı schon fast an der Mündung zum Schwarzen Meer. Ernster ist da die Stimmung an der Festung *Rumeli Hisarı*: Hier, an der engsten

Züge aus Europa kommen im İstanbuler Bahnhof Sirkeci an (links). Schon beim Anlegen in Karaköy genießt man einen herrlichen Blick auf die Altstadt von İstanbul (Mitte oben).

Zu einem Aufenthalt in İstanbul gehört auch ein Ausflug auf dem Bosporus, der von abwechslungsreichen Landschaften und hübschen kleinen Dörfern gesäumt wird (Mitte unten).
Der 1349 errichtete Galata-Turm ist das Wahrzeichen der europäischen Neustadt Beyoğlu (rechts).

Stelle des Bosporus, errichteten die Osmanen im Jahr 1452 ihre Sperrfeste, die den belagerten Byzantinern den Nachschub übers Meer abschneiden sollte – mit Erfolg, denn bereits ein Jahr später, 1453, konnten die so geschwächten Verteidiger schließlich überwunden werden.

Direkt gegenüber liegt die Zwillingsburg *Anadolu Hisarı*. Von hier aus sollte man den kurzen Weg auf den Gipfel des nächsten nördlichen Hügels nicht scheuen: Dort steht der *Hıdiv Kasrı*, der Palast des ägyptischen Vizekönigs Abbas Hilmi Pascha (1892–1914). Der im Jahr 1900 in reizvoller Mischung aus Gründerzeit und Jugendstil errichtete Bau wurde Anfang der neunziger Jahre restauriert; sein wunderbarer Park über dem Bosporus zählt ebenso wie die Café-Terrasse des gepflegten Rosengartens zu den schönsten und friedlichsten Flecken der Stadt.

Betriebsam geht es an schönen, sonnigen Tagen auf der *İstiklal Caddesi* zu, der einstigen «Grande Rue de Péra» in Beyoğlu, dem früheren Viertel der levantinischen Minderheiten (Griechen, Juden und Italiener). Noch bis vor einem Jahrzehnt war die Straße zwischen dem Taksim-Platz und dem Tünel, der bereits 1875 in Betrieb genommenen unterirdischen Standseilbahn, die wichtigste Einkaufsstraße für Kunden mit gehobenen Ansprüchen – inzwischen haben ihr moderne Einkaufszentren wie Galeria in Ataköy und Akmerkez in Esentepe längst den Rang abgelaufen. Doch noch immer spielen sich Kultur- und Nachtleben entlang der in eine Fußgängerzone verwandelten Straße mit ihren Kinos, Jazzlokalen, Kneipen und Cafés ab. Lebhaft geht es auch in der *Blumenpassage* zu: Hinter der neoklassizistischen Fassade reihen sich die «meyhanes», die türkischen Tavernen

Erbe der Genuesen – der Galata-Turm

Christus-Turm hieß das wuchtige Bauwerk zur Zeit seiner Erbauer, der Genuesen. Es war Teil der Stadtmauern der einst unabhängigen Stadt Galata – ein gegenüber dem alten İstanbul gelegenes Zentrum internationalen Handels der genuesischen Republik. Das Obergeschoß des 1349 errichteten Turms beherbergt heute ein Restaurant, in dem abends Bauchtänzerinnen auftreten. Reizvoll ist die Aussicht vom Rundgang des Galata-Turms auf die Fassaden der großbürgerlichen Gebäude des 19. Jahrhunderts, der Kirchen und Botschaften, die das glanzvolle Leben der reichen levantinischen Minderheiten zu dieser Zeit widerspiegeln – heute ist «kuledibi», das Viertel rund um den Turm, auf dem besten Weg, sich zur Künstlerkolonie zu entwickeln.

Den Mittelpunkt der Großen Moschee von Bursa bildet der marmorne Brunnen (oben). Im achteckigen Grünen Mausoleum wurde Sultan Mehmet I. beigesetzt, in dessen Regierungszeit (1413–1423) Bursa seine größte Blüte erlebte (unten).

Blaue Fayencen mit goldenen Kalligraphien schmücken den Sarkophag des osmanischen Herrschers Mehmet I. im Grünen Mausoleum von Bursa.

aneinander. Zu unzähligen kalten und warmen Vorspeisen fließt hier der türkische Anisschnaps Raki in Strömen. Bunte Eindrücke vermittelt der *Fisch- und Gemüsemarkt*, auf dem auch das ganze Kaleidoskop türkischer Gewürze erhältlich ist. Kirchen säumen beide Seiten der Straße, wenn man in Richtung Tünel weitergeht, und bereits legendäre Restaurants und Hotels liegen nicht weit entfernt: Der Auswanderung der Weißrussen nach der Oktoberrevolution verdankt das Restaurant «Rejans» in der Olivo-Passage seine Existenz. Neben vielen anderen Spezialitäten sind dort die gebratenen Wachteln besonders zu empfehlen. Hundert Meter westlich der İstiklal Caddesi liegt das neoklassizistische Gebäude des «Pera Palas Oteli», eines der schönsten Hotels der Stadt. Auch wer hier nicht residieren mag, sollte nicht darauf verzichten, wenigstens einen Drink in der Bar zu nehmen und sich bei dieser Gelegenheit etwas umzuschauen: Die Einrichtung des Foyers ist ebenso sehenswert wie der wunderschöne altmodische Aufzug des Hotels. Am Tünel angelangt, kann man die Galip Dede Caddesi hinuntergehen und den *Konvent der Mewlewi-Derwische* besichtigen, der heute das Museum für klas-

sische osmanische Literatur birgt. Zurück am Tünel findet man gegenüber dem U-Bahn-Eingang die Haltestelle der historischen Straßenbahn zum Taksim-Platz; auf der Fahrt in den holzvertäfelten, kleinen Waggons wird zumindest für kurze Momente die Epoche der Jahrhundertwende wieder lebendig.

Weitab von Streß und Lärm – die Prinzeninseln

Mal verschwommen im Großstadtdunst, mal klar und deutlich, wenn der Südwind «lodos» Fernsicht erlaubt: Die ganze Schönheit der Prinzeninseln enthüllt sich jedoch erst, wenn der Dampfer sich der Anlegestelle nähert, ja, eigentlich erst bei einem gemächlichen Spaziergang durch die Villenviertel mit ihren kleinen Palästen, gepflegten Gärten und subtropisch anmutenden Palmen. Die herrlichste Zeit ist dort der Frühsommer, wenn wohlriechende Blüten sich zu einem Konzert der Düfte verbinden, Blumenrabatten das Auge erfreuen und die violetten Glyzinien sich von Baum zu Baum winden.

Südliche Vegetation, ein gesundes Klima und schöne Strände machen die Prinzeninseln im Marmarameer zum beliebten Erholungsziel der Großstadtbewohner. Wie hier auf Büyük Ada, der größten der neun Inseln, verkehren statt Autos nostalgische Pferdedroschken.

Der lohnendste Ausflug führt zur größten der vier bewohnten Inseln, *Büyük Ada*, früher Prinkipo genannt. Nach der großen Rundfahrt im schwankenden Phaeton, der von zwei Pferden gezogenen offenen Kutsche, sollte man es sich nicht nehmen lassen, den steilen Weg zum Kloster Aya Yorgi (Georgskloster) hinaufzusteigen. Zum Abschluß empfiehlt es sich, im benachbarten kleinen Ausflugsrestaurant zu den typisch türkischen Vorspeisen, den «meze», den hervorragenden Rotwein von der Mittelmeerinsel Bozca Ada zu genießen. Auch *Burgaz Ada*, das einstige

Mit seinen zahlreichen Cafés ist der Freiheitsplatz ein beliebter Treffpunkt im Zentrum von Edirne. An seiner Ostseite erhebt sich die in den Jahren 1403 bis 1414 errichtete Alte Moschee.

Das nur wenige Kilometer von der bulgarischen Grenze entfernte Edirne lohnt vor allem wegen seiner Moscheen einen Besuch. Als Meisterwerk des Architekten Sinan gilt die im Jahr 1574 vollendete Selimiye-Moschee, deren Innenhof ein Brunnen mit fein durchbrochenem Marmordekor ziert.

Antigoni, kann mit einigen Klöstern und Kirchen griechischer Herkunft aufwarten. Neben ihrer Besichtigung sollte man auch einen Abstecher in das Museum Sait Faiks, eines der bedeutendsten türkischen Autoren, einplanen. Auf *Heybeli Ada*, einst griechisch Chalkis, befindet sich die seit 1971 von der türkischen Regierung geschlossene Priesterschule des orthodoxen Patriarchats İstanbul – bei den nach wie vor gespannten türkisch-griechischen Beziehungen ist mit einer baldigen Wiedereröffnung wohl nicht zu rechnen. *Kınalı Ada*, das frühere Proti, schmückten in byzantinischer Zeit drei Klöster, die etliche abgesetzte und zum Mönchsdasein verdammte Kaiser beherbergten. Heute bietet die kleinste der bewohnten Inseln wenig Besichtigenswertes.

Alle Schätze des Orients

Der Gedeckte Basar in İstanbul

Alter Schmuck, dekorative Teppiche und köstliche Süßigkeiten: Auch wer nichts kaufen möchte, sollte durch den Gedeckten Basar von İstanbul spazieren und sich von der Fülle und Vielfalt der Waren bezaubern lassen.

Elf Tore führen in den Kapalı Çarşı, den Gedeckten Basar, der von den İstanbulern auch Großer Basar genannt wird und sich über eine Fläche von mehr als 200 000 Quadratmetern erstreckt. Geblendet vom Glanz des ausgestellten Goldes, inmitten unzähliger Teppichläden und Lederboutiquen kann man sich im Gewirr der zahllosen Gassen nur allzuleicht verlieren – das Beste ist, sich nach dem Gefälle zu richten, dann findet man am leichtesten zum Ausgangspunkt zurück. Doch sonst sollte man sich nach Herzenslust treiben lassen, denn es gibt viel zu entdecken: den historischen Kern des Basars, den *Alten Bedesten* beispielsweise, in dem

Antiquitäten und Schmuck zu finden sind, oder verschwiegene Werkstattkomplexe mit stimmungsvollen Innenhöfen am Rand des Basars, die *hans*. Dort läßt es sich bei einem Glas Tee am besten über den Teppich der Wahl verhandeln.

Denn hart um den Preis feilschen sollte man auch heute im Basar – 30 bis 40 Prozent Nachlaß lassen dem Händler noch eine üppige Gewinnmarge, und das zähe Handeln ist mit dem Erlebnis Basar untrennbar verbunden.

Eine kleine Welt für sich ist dieses abgeschlossene Areal, mit eigenen Moscheen, Banken, Restaurants und Teegärten. Seit byzantinischer Zeit ist der Gedeckte Basar der gigantische Magen der Stadt – welche ungeheuren Warenmengen im Lauf der Jahrhunderte hier umgeschlagen worden sind, läßt sich kaum ermessen. Güter aus aller Herren Länder waren es in alter Zeit, als Konstantinopel Dreh- und Angelpunkt des Welthandels war, und auch heute noch kann man hier Exotisches finden.

Inzwischen kommen die interessantesten Stücke vor allem aus den Nachfolgestaaten des Sowjetimperiums: Turkmenische Teppiche, feingewebte Kaftane aus Buchara und Samarkand oder «susanis», fröhlich-bunt verzierte Decken aus Usbekistan und Kirgisien, finden den langen Weg aus alten Aussteuertruhen in die moderne Metropole İstanbul. Auch altes Silber aus den neuen Turkrepubliken kann noch relativ günstig erstanden werden – Halsketten, Armreifen und Ohrgehänge mit Halbedelsteinen aus Mittelasien sind eine reizvolle Alternative zum türkischen Rotgold. Über das vielfältige Angebot des Gedeckten Basars sollte man nicht vergessen, auch seine Umgebung zu erkunden. Nicht weit westlich liegt etwa der traditionsreiche Büchermarkt *Sahaflar Çarşısı*, in dessen kleinen Geschäften man alte Koranhandschriften und -illuminationen erstehen kann.

Christopher Kubaseck

Über 25 000 Menschen arbeiten im Gedeckten Basar, der vielfach noch wie früher nach Zünften geordnet ist. Bei den Touristen sind vor allem Kupfer- und Messingwaren oder auch filigrane Einlegearbeiten als Mitbringsel begehrt.

Die grüne Küste

Das Schwarzmeergebiet

Die Türkei einmal ganz anders: Nicht sonnenverbrannte Steppe oder glutheiße Badestrände, sondern die üppige, grüne Vegetation der gemäßigten Zone herrscht an der Küste des Schwarzen Meeres vor. Haselnüsse, Mais sowie Milchprodukte und vor allem der Tee zählen zu den wichtigsten Erzeugnissen der Landwirtschaft. So haben denn auch die Speisen der Lazen, wie die Bewohner der Berge und schmalen Küstenstreifen verallgemeinernd (nach einer kleinen, den benachbarten Georgiern verwandten Bevölkerungsgruppe) genannt werden, mit der türkischen Küche nur wenig gemein. Neben dem typischen Maisbrot dominieren diverse Kohlsorten, Butter und Käse. Und angesichts der Allgegenwart und Bedeutung des Meeres ist es nicht weiter verwunderlich, daß ein Fisch zum Wahrzeichen der Schwarzmeerküche wurde – der bis zu 25 Zentimeter lange «hamsi» (eine Sardellenart), der praktisch fast allen Speisen beigemischt wird: Man findet ihn im Brot, im Reis, und, so wird jedenfalls behauptet, sogar in Süßspeisen.

Wie viele Orte an der türkischen Schwarzmeerküste ist Tirebolu touristisch noch wenig erschlossen. Dennoch erfreut sich das hübsche Fischerdorf als Urlaubsquartier seit einigen Jahren zunehmender Beliebtheit.

Untürkisch wie die Küche ist auch ein großer Teil der Bevölkerung. Vor allem im östlichen Schwarzmeergebiet mit seinen subtropischen Feuchtwäldern, dem Pontos und der Kolchis, wie die Regionen in der Antike hießen, lebten früher und leben auch noch heute eine Reihe von Minderheiten. Die pontischen Griechen haben das Land anläßlich des griechisch-türkischen Bevölkerungstauschs im Jahr 1924 verlassen, doch Georgier, Tscherkessen, Mingrelier und muslimische Armenier bilden immer noch Gruppen mit eigener Sprache und Kultur. Pontische, griechische und georgische – und natürlich auch etliche osmanische – Bauwerke bilden somit auch die wichtigsten Sehenswürdigkeiten der landschaftlich so reizvollen, doch kulturell vergleichsweise eher armen Küstenregion.

Steile, im wesentlichen parallel zum Meer verlaufende Gebirge trennen den schmalen Küstenstreifen von seinem Hinterland, und nur wenige, noch dazu hohe und schwer überwindbare Pässe gestatten den Zugang. Dort, am regenarmen und deswegen gering bewaldeten Südhang des Pontischen Gebirges haben vor allem die Seldschuken ihre Spuren hinterlassen: Moscheen, Medresen (religöse Hochschulen) und Karawansereien, deren Stil deutlich mittelanatolisch geprägt ist. Sie säumen die wenigen Flußtäler – natürliche Handelswege, die das Nomadenland der zentralen Hochebene mit den Küsten und damit auch mit dem vor allem italienischen Fernhandel zur See verbanden.

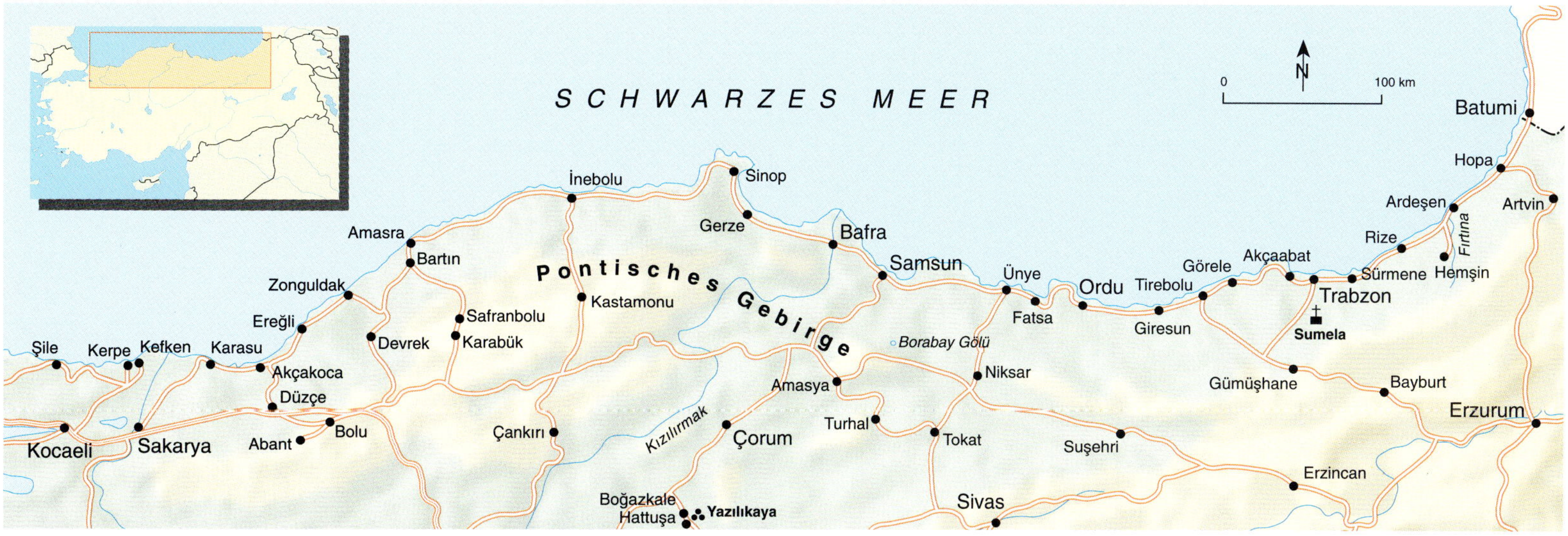

Die Schwarzmeerküste, die hierzulande wohl am wenigsten bekannte Region der Türkei, überrascht mit einsamen Stränden, dichten Laub- und Nadelwäldern, subtropischem Klima und einer üppigen Vegetation.

İstanbuler Sommerfrische – Şile

Saubere Strände sind in der unmittelbaren Umgebung İstanbuls seit über zwanzig Jahren Mangelware – da muß man schon die rund 90 Kilometer lange Fahrt zum Schwarzmeerstädtchen Şile auf sich nehmen, um dort am Strand *Kumbaba Plajı* Badefreuden genießen zu können. Doch wie fast überall an der Küste des Schwarzen Meeres ist auch in Şile Vorsicht geboten: Fast wöchentlich ereignen sich Badeunfälle, denn wer sich zu weit ins Meer hinauswagt, kann schnell das Opfer der hier besonders tückischen Strömungen werden. Wanderungen an der malerischen Steilküste sind da schon wesentlich ungefährlicher, oder auch ein Besuch in einem der geruhsamen kleinen Fischerhäfen der Umgebung. Obwohl die Geschichte Şiles bis weit vor die Zeitenwende zurückreicht, sind in der Stadt nur wenige genuesische Bauwerke erhalten: Ihren Seeweg zur Kornkammer Ukraine schützten die weitreisenden Italiener im Mittelalter hier durch eine kleine *Burg* mit Kapelle und Zisterne. Neben der Herstellung des beliebten Şile bezi, einem leichten Musselin-Stoff, ist noch der *Leuchtturm* des Städtchens, der größte der Türkei, erwähnenswert. Franzosen haben ihn im Jahr 1858 erbaut.

Klein, fein und sehr ursprünglich: Amasra und Safranbolu

Eng schmiegen sich die Häuser aneinander, eng und klein ist der malerische Hafen, von niedrigen Hügeln eingefaßt: Die Suche nach Schutz vor rauhen Meereswinden scheint die Atmosphäre des Hafenstädtchens *Amasra* entscheidend geprägt zu haben. Ein Aufenthalt in dem nur in der kurzen Sommersaison vor allem von türkischen Touristen besuchten Ort ist denjenigen zu empfehlen, die Ruhe und Erholung suchen, und zugleich einen Einblick in den geruhsamen Alltag einer türkischen Kleinstadt gewinnen möchten: Mit einem Glas Tee in der Hand läßt sich die beschauliche Stimmung der Tavernen mit ihren unermüdlichen Backgammon-Spielern am besten erleben. Die wichtigste Sehenswürdigkeit Amasras, das bis 1461 eine Kolonie der Genueser war, ist eine genuesische Zitadelle, von der neben wenigen Mauerresten noch zwei Tore erhalten sind. Darüber hinaus gibt es in der Stadt eine römische Agora und ein Theater aus der Römerzeit.

Das auf einer Halbinsel zwischen zwei Buchten gelegene Amasra geht auf eine im 6. Jahrhundert v. Chr. von Auswanderern aus dem griechischen Milet gegründete Kolonie zurück.

Über die Kleinstadt Bartin führt die etwa 100 Kilometer lange Fahrt durch das Gebirge in Richtung Süden nach *Safranbolu*, einer der schönsten Städte der Türkei. Ihr Name stammt von den riesigen Safranfeldern, von denen sie noch im 19. Jahrhundert umgeben war. Die Lage an der wichtigen Karawanenstrecke zwischen İstanbul und Sivas hat ihren Bürgern zu großem Wohlstand verholfen, der sich zum Beispiel an den wunderschönen, meist dreistöckigen Fachwerkhäusern ablesen läßt. Wie einträchtig der Handel mit dem Krokusgewächs Safran gewesen sein muß, zeigt sich auch daran, daß jede Familie gleich zwei Häuser besaß. Eines davon lag im Marktgebiet der Stadt, einem tief in das Gelände eingeschnittenen Kessel, und wurde im Winter genutzt, das andere befand sich in den umgebenden Gärten und Obstplantagen und wurde im Sommer bezogen. Kaum zu beschreiben ist die Zahl liebevoll ausgeführter architektonischer Details: Holzschnitzereien an den Erkern, schmiedeeiserne Schlösser und Klopfer an den Türen sowie die komplizierten Ornamente an den überkragenden Dachtraufen begeistern den Betrachter. Zahlreiche Moscheen, Karawansereien, Villen und Brunnen, deren Entstehungszeit teilweise bis in das 14. Jahrhundert zurückreicht, zieren das von der UNESCO zum Weltkulturerbe erklärte Städtchen und machen es zu einem wahren Freiluftmuseum für traditionelle türkische Baukunst.

In den beschaulichen Städtchen am Schwarzen Meer scheinen die Uhren häufig noch anders zu gehen als sonst in der Türkei, und für ein Schwätzchen ist, wie hier am Hafen von Gerze oder auf dem Markt von Amasra, immer Zeit.

EMEK

Bei einem Aufenthalt in Amasra sollte man es nicht versäumen, durch das malerische Viertel rund um die genuesische Zitadelle (rechts im Bild) zu bummeln.

Kleiner Überrest aus großen Zeiten

Das Schwarze Meer

Wer Ruhe und Einsamkeit sucht, ist am Schwarzen Meer richtig: Bis heute ist die dicht bewaldete, oft steil ins Meer abfallende Küste noch vielerorts ein Ferienziel für Individualisten.

Kaum jemand, der heute hier Urlaub macht, weiß, wie groß dieses Meer einst war: Zu Beginn des Pliozäns vor etwa 2,5 Millionen Jahren erstreckte es sich vom Aral-See bis zum Wiener Becken. Heute ist das im Durchschnitt 1272 Meter tiefe Binnenmeer nur über den Bosporus und die Dardanellen mit dem Mittelmeer verbunden, und so zirkuliert sein Wasser mit wenig Austausch entgegen dem Uhrzeigersinn um die eigene Achse. Fische können lediglich in den obersten, nur gering salzhaltigen Wasserschichten leben, da unterhalb von 100 Meter Tiefe der Sauerstoff fast völlig fehlt und der Anteil an Schwefelwasserstoff sehr hoch ist. Doch dem Badevergnügen tut dies keinen Abbruch – nur auf die recht häufigen gefährlichen Strömungen ist zu achten. Die Gezeiten spielen hier dagegen keine Rolle. Im Hochsommer kann sich das Wasser auf bis zu 28 Grad erwärmen. Neben zahlreichen Kieselstränden gibt es hauptsächlich im westlichen Schwarzmeergebiet auch herrliche lange Sandstrände, die zum Schwimmen und Sonnenbaden einladen, vor allem in der Umgebung der Städte Sinop und Samsun.

Christopher Kubaseck

Von der Küstenstraße zwischen Amasra und Sinop bieten sich immer wieder überwältigende Blicke auf das Schwarze Meer.

Perlen am Grünen Fluß

Der moderne Schwarzmeerhafen *Samsun* – Zentrum der türkischen Tabakindustrie – weist nach einem verheerenden Brand im Jahr 1806 heute keine besonderen Sehenswürdigkeiten mehr auf. Dem Verlauf vieler kleiner Flüßchen, die das Pontische Gebirge durchschneiden, folgt die Straße, die Samsun mit *Amasya* verbindet, der ehemaligen Hauptstadt des von König Mithridates I. im Jahr 301 gegründeten Pontischen Reiches. Weithin vom Hang über dem Yeşilırmak, dem Grünen Fluß, aus sichtbar, sind fünf pontische Felsengräber in die Steilwand gehauen. Sie werden überkrönt von den Ruinen einer Festung auf dem 300 Meter hohen Felsen. Diese Burg geht in ihren Ursprüngen auf das Pontische Reich zurück, wurde aber von den Seldschuken und Osmanen mehrmals erneuert. Wer sich einen Überblick über die zahlreichen Bauten aus türkischer Zeit verschaffen möchte, sollte den steilen Weg hoch zur Burg nicht scheuen: Vorbei an der achteckigen Büyük Ağa Medrese erreicht man über grüne Matten im Norden des Berges den Gipfel. Wie Perlen an einer Schnur reihen sich die Bauwerke am grünen Band des Flusses aneinander: Neben seldschukischen Bauten aus dem 13. und 14. Jahrhundert wie der Blauen Koranschule, dem Halifet-Gazi-Mausoleum, der Burmalı-Minare-Moschee mit ihrem spiralförmig gewundenen Minarett und dem Krankenhaus Darüşşifa mit seinem reich verzierten Steinportal zieht vor allem der Komplex der Beyazıt-Moschee den Blick auf sich. Die von Beyazıt II. Veli (1481–1512) gestiftete Moschee mit ihrer schönen Gebetsnische und benachbarter Medrese sowie Bibliothek stammt aus der Zeit, als die Söhne der osmanischen Herrscher noch in die Provinz geschickt wurden, um dort die Verwaltungs- und Regierungskunst zu lernen. Die Einrichtungen dieser von den türkisch-islamischen

Auch wenn rund um das Dorf Gerze immer mehr Sommerhäuser und Ferienbungalows entstehen, sind die Fischer an seinen Kies- und Sandstränden häufig noch unter sich.

Herrschern gestifteten Baukomplexe waren Ausdruck ihrer sozialen Fürsorge für das einfache Volk: Neben den religiösen Bedürfnissen verloren sie auch dessen geistiges und leibliches Wohl nicht aus den Augen; Armenküchen, Krankenhäuser und Karawansereien gehörten ebenso zur Ausstattung dieser «külliye» genannten Einrichtungen wie Bibliotheken und Hochschulen, in denen auch die Kinder einfacher Leute Zugang zur Bildung finden konnten.

Schöne osmanische Patrizierhäuser, «konaks», schmükken das linke Ufer des Yeşilırmak. Überqueren kann man den Fluß auf einer Brücke, deren Pfeiler von den Römern erbaut wurden, während die Bögen aus seldschukischer, Geländer und Straßenbelag aber aus moderner Zeit stammen – ein visueller Schnelldurchlauf durch zweitausend Jahre Geschichte.

Der Weg nach *Tokat* folgt dem Bett des Yeşilırmak. Auch diese Stadt wird von einem Burgberg mit einer in byzantinischer Zeit errichteten und später von den Osmanen restaurierten Festung überragt. Hinweise auf die kriegerische Geschichte der Neuzeit dagegen gibt die leicht angerostete Kanone mit der Inschrift «Krupp» in arabischen Buchstaben – heute wird sie ausschließlich zu friedlichen Zwecken eingesetzt: Ihr Böllerschuß kündigt bei Einbruch der Dunkelheit weithin hörbar das Ende der täglichen Enthaltsamkeit im Fastenmonat Ramadan an.

Bis weit in die Spätzeit des Osmanischen Reiches hinein war Tokat eine wichtige Station für durchreisende Karawanen – die Karawansereien Voyvoda Hanı aus dem 17. und Horozoğlu Hanı aus dem 18. Jahrhundert belegen dies ebenso wie die späteren Berichte europäischer Reisender. Zu den schönsten Bauwerken der in einer fruchtbaren Ebene gelegenen Stadt gehören diejenigen aus der Zeit der Seldschuken, so zum Beipiel die aus rötlichen Steinen errichtete Blaue Koranschule. Sie birgt heute ein Museum mit bedeutenden phrygischen und hethitischen Funden aus der Umgebung, darunter viele Beispiele der formschönen

Auf dem Wochenmarkt von Amasra bieten die Bäuerinnen der Umgebung frisch geerntetes Gemüse in verlockender Auswahl an.

Während sich die Frauen um die Pflichten des Alltags kümmern, treffen sich die Männer wie überall in der Türkei auch in Tirebolu im Café, um zu plaudern, Neuigkeiten auszutauschen oder in Ruhe ihre Zeitung zu lesen (linke Seite und oben).

Im gebirgigen Hinterland von Sinop baut man Getreide an (rechts), während zwischen Bafra und Samsun der Tabak dominiert. Wie die Maiskolben werden auch die Tabakblätter in der Regel unter freiem Himmel getrocknet (unten).

Die Urwälder des Karçhal-Gebirges

Dichter Nebel verwehrt den Einblick in die tiefgelegenen Täler, wie Inseln tauchen die Gipfel der Umgebung aus diesem grauen Meer auf. Das bis zu 3500 Meter hohe Karçhal-Gebirge an der georgischen Grenze ist nur an seinem Rand von einer Handvoll kleiner Dörfer besiedelt. 16 000 Hektar unberührten Urwaldes gibt es hier, so Untersuchungen des türkischen Naturschutzvereins, unterstützt vom WWF. Er bildet den Lebensraum für 71 endemische Pflanzen, darunter drei Arten, die kürzlich erst entdeckt wurden. Nun bemühen sich die türkischen Grünen, das Gebirge zum Naturschutzgebiet erklären zu lassen – Unterstützung aus Europa würde die Erfolgsaussichten sicherlich erhöhen.

Keramik dieser kunstliebenden Völker. Berühmt war Tokat im Mittelalter für seine guten Kupferschmiede, und noch heute kann man im Basar manch gutes Stück günstig erstehen. Erstaunlich ist vielleicht, daß in Tokat einer der besten türkischen Weine gekeltert wird – mit einiger Sicherheit läßt sich diese Tradition auf die große Zahl von Griechen und Armeniern zurückführen, die hier bis zu Beginn des 20. Jahrhunderts gelebt hat.

Südlich des Pontischen Gebirges – das Herz des Hethiterreichs

Zwei tiefe Schluchten trennen das Hochplateau von den Bergen der Umgebung. Auf einem riesigen, künstlich aufgeworfenen Erdwall erhebt sich eine von niedrigen Toren durchbrochene Mauer, und grenzt das Gebiet der Hethiterhauptstadt *Hattuşa* gegen die südliche Hochebene ab. Es liegt nahe, den Erdwall als Verteidigungseinrichtung zu interpretieren. Schaut man jedoch bei guter

Fernsicht von den Ruinen Hattuşas nach Norden, so überblickt man die weite Ebene des Kızılırmak, des antiken Halys, bis fast zu seiner Mündung ins Meer. Vielleicht war der gigantische Erdwall der Hethiterhauptstadt auch ein herrschaftliches Wahrzeichen eines der bedeutendsten Großreiche des Altertums, aus weiter Ferne noch sichtbar für die Untertanen, die in der fruchtbaren Flußebene siedelten und den Wohlstand erarbeiteten, der die riesige Tempelstadt unterhielt. Über die Lebensweise der einfachen Leute erfahren wir wenig im Ruinengelände bei der heutigen Kreisstadt *Boğazkale* in der Provinz Çorum. Tempel- und Stadtmauern bestimmen den Eindruck, den der Betrachter beim Gang über das immense Areal gewinnt – und selbst die Tempel

Wer die Schönheiten der Schwarzmeerregion kennenlernen möchte, sollte einen Abstecher in die höhergelegenen Regionen mit ihren riesigen Wäldern, klaren Flüssen (links zwei Fischer mit Wurfnetz) und üppig-grünen Almen nicht versäumen.

Malerische alte Bogenbrücken aus Naturstein überspannen den tosenden Fırtına. Entlang seiner Ufer lassen sich herrliche Wanderungen unternehmen.

lassen sich nur abstrakt im Grundriß nachvollziehen. Denn bis zu fünf Meter tief muß der Archäologe Peter Neven mit seinem Team graben, um auf die Fundamente zu stoßen, und vorsichtig schüttet er nach der Rekonstruktion der Gebäudereste die Gräben wieder zu, so daß nur ein halber Meter Mauerkrone über der Erde verbleibt. Was hat der Boden hier nicht alles preisgegeben: Bereits Ende des 19. Jahrhunderts fand man Tausende mit Keilschrift beschriebene Tontafeln, die uns über die Geschichte des im 17. Jahrhundert v. Chr. gegründeten Reiches, seine Verträge

und Handelsbeziehungen, seine fremdartigen Kulte und Riten Auskunft geben. Die systematischen Ausgrabungen ab 1931 brachten unzählige Zeugnisse einer weitentwickelten Töpferkunst zutage, von eleganten Schalen, Krügen und Bechern für den Alltagsgebrauch bis zu meterhohen kultischen Trinkgefäßen in Tiergestalt. Die wertvollsten Stücke befinden sich heute im Hethitermuseum von Ankara (siehe Seite 129), aber auch im Museum von Boğazkale sind zahlreiche wichtige Funde zu besichtigen.

Von den Fertigkeiten der Hethiter als Bildhauer kündet das etwa 2 Kilometer nördlich gelegene Felsheiligtum *Yazılıkaya*: In zwei natürlichen Felskammern wurden zahlreiche Reliefs aus dem 13. Jahrhundert v. Chr. entdeckt, auf denen vor allem hethitische Gottheiten dargestellt sind, häufig in einer Prozession. Auffällig ist das überlebensgroße Relief, das den Gott Scharruma zusammen mit dem Großkönig Tudhaliya IV. zeigt.

Die Tempelvorbauten dagegen, die man sich vor dem Eingang zu den kleinen Felskammern vorstellen muß, fielen dem Zahn der Zeit zum Opfer: Schützend lagen sie einst vor dem Heiligtum, das nur durch kleine, verborgene Türen zugänglich war.

Nur in den immergrünen subtropischen Tälern zwischen Trabzon und der georgischen Grenze gedeihen die kniehohen Teesträucher. Dreimal jährlich werden die begehrten grünen Blätter in mühsamer Handarbeit geerntet und noch am gleichen Tag zur Weiterverarbeitung in die nahegelegenen Teefabriken gebracht.

Seit in den dreißiger Jahren an der östlichen Schwarzmeerküste mit dem Teeanbau im großen Stil begonnen wurde, hat sich der «çay» zum türkischen Nationalgetränk entwickelt.

Charmante Stadt am Schwarzen Meer

Trabzon und das Sumela-Kloster

Großstädtisches Flair kann man in Trabzon genießen, das für seine Lage an einem landschaftlich besonders schönen Küstenabschnitt berühmt ist. Das alte Trapezunt ist nicht nur die bedeutendste, sondern für viele auch die charmanteste Stadt am Schwarzen Meer.

Es ist schon ein Phänomen: Wo sonst die İstanbuler Traditionsklubs Galatasaray, Fenerbahçe und Beşiktaş eine nahezu unangefochtene Übermacht besitzen, im türkischen Fußball nämlich, bietet den Giganten nur der weit entfernte Provinzzwerg Trabzonspor Paroli: Oft mehrere Jahre hintereinander – so zum Beispiel 1976 und 1977 – konnte die Mannschaft mit den blauroten Farben die Meisterschaft gewinnen. Kaum zu erklären, wie die knapp 200 000 Einwohner zählende Stadt mit dem Potential der Millionenmetropole İstanbul mithalten kann. Daß Trabzon als wichtigste Stadt des östlichen Schwarzmeergebiets mit großem Ausfuhrhafen für die landwirtschaftlichen Hauptprodukte Haselnuß und Tee, aber auch mit einer langen und glorreichen Geschichte ihre eigene, klarumrissene Identität hat, ist dagegen leicht nachvollziehbar. Im 6. Jahrhundert v. Chr. als Kolonie der ägäischen Stadt Milet gegründet, kam Trabzon später zum Pontischen Reich und fiel im

Den Besuch der Stadt Trabzon sollte man mit einem Ausflug zum Sumela-Kloster verbinden, eine der bekanntesten Sehenswürdigkeiten der Region. Auf den Innen- und Außenwänden seiner Kirche sind Reste kunstvoller Fresken zu bewundern.

Jahr 66 an die Römer. Ihre Glanzzeit erlebte sie nach 1204 als Hauptstadt des Kaiserreichs von Trapezunt, 1461 fiel sie schließlich an die Osmanen. Unter den zahlreichen Gebäuden, die die Byzantiner hinterlassen haben, verdient die *Hagia Sophia*, die in ihrer heutigen Form aus der Mitte des 13. Jahrhunderts stammt, Beachtung. Das stark verfallene Gebäude wurde 1957 bis 1962 restauriert und 1964 zum Museum umgewidmet. Neben den zahlreichen gut erhaltenen Fresken im Inneren sind vor allem die Reliefs an der Fassade des Eingangsportals sehenswert. Die *Panaghia-Kathedrale* und die *Eugenios-Kirche* im Gebiet der Zitadelle wurden in Moscheen umgewandelt. In einem hübschen Teegarten der Altstadt steht die von Selim I. (1512–1520) gestiftete *Gülbahar-Hatun-Moschee*. Hoch am Hang über dem Gebirgsbach Altındere liegt wie ein Schwalbennest in eine Felshöhlung geschmiegt das *Sumela-Kloster*. Man erreicht das grüne, enge Tal von Altındere über die Fahrt zur etwa 30 Kilometer südlich von Trabzon gelegenen Kreisstadt Maçka. Der Legende nach soll das Kloster bereits im Jahr 385 von Mönchen aus Athen gegründet worden sein. Sicher ist, daß es seine heutige Gestalt Mitte des 14. Jahrhunderts erhielt. Vier Stockwerke hohe Gebäude, in denen die Mönchszellen untergebracht waren, umgeben den Innenhof. In seinem Westen findet sich die Kirche. Ihrer geschützten Lage in einer Felsnische ist es zu verdanken, daß sie nicht nur innen, sondern auch außen mit zahlreichen Fresken geschmückt ist, die leider argen Schaden erlitten haben.

Christopher Kubaseck

Winkelige Gassen und zahlreiche Bauten aus byzantinischer und osmanischer Zeit verleihen der Altstadt von Trabzon ihr besonderes Flair.

Liebliche Lichtgestade

Die ägäische Küste und die West-Türkei

Weit entfernt und doch so nah: Wie sehr die europäische Geschichte mit der kleinasiatischen Küste verbunden ist, läßt sich an zahllosen Beispielen ablesen. Welchem Literaturbegeisterten kann Homer fremd sein, der Dichter der «Ilias» und der «Odyssee», gebürtig im ägäischen Smyrna, dem heutigen İzmir? Kühle Rechner verweist Thales von Milet (um 625–546 v. Chr.) in die gleichnamige Hafenstadt, und den Musikfreund erinnern die Klänge der Kirchentonarten an diese jetzt westtürkischen Gefilde: Ionien, Äolien, Lydien – da ertönten sie, so heißt es, einst zuerst. Von hier aus wurde uns die Schrift vermittelt, aus dem nahen Phönizien übernommen, das Pergament und damit das Buch entstanden in Pergamon, und das antike, kritische Denken nahm ersten Abschied von mythischen Bildern im klaren ägäischen Licht – hier lüftete Herodot, der Begründer der Historiographie, das Dunkel der Geschichtslosigkeit. Der Vielfalt der Einflüsse entsprechen auch die Unterschiede der Landschaften: Ein wenig rauh und steil präsentiert sich die Küste im Norden, weit öffnen sich zur Mitte hin die Ebenen dem Meer, und in der südlichen Ägäis folgt der farbliche Dreiklang von grünen Pinien, weißen Felsen und tiefblauem Meer, untermalt vom Zirpen der Zikaden. Ein Land zum Reisen wie zum Verweilen – betreten wir es von Norden her.

Charakteristisch für die Halbinsel Bodrum sind die Windmühlen, die, heute meist verfallen, überall auf den Hügelkämmen stehen.

Von einem Hobby-Archäologen entdeckt: Troja

Der Raub Helenas sei es gewesen, der den Krieg um Troja ausgelöst habe, so die homerische Erklärung für den Krieg in der nördlichen Ägäis. Weit nüchterner als die dichterische Erklärung ist da die Realität: Wie wichtig die Beherrschung der nahegelegenen Meerengen zwischen Çanakkale und Gelibolu ist, zeigte sich noch im Ersten Weltkrieg, als hier im Jahr 1915 Commonwealth-Landetruppen von den Osmanen abgewehrt werden konnten. Aus diesem Grund ist die 1454 erbaute Festung Çimenlik Kalesi mit ihrer Waffensammlung auch die bedeutendste Sehenswürdigkeit der Stadt *Çanakkale*.

Verheerungen, Erdbeben und ähnliche Katastrophen sind auch der Auslöser für die Entwicklung der modernen Archäologie im benachbarten Troja geworden: Auf acht Bebauungsschichten stieß hier der anfangs belächelte Hobby-Archäologe Heinrich Schliemann (1822–1890) auf der Suche nach dem Schatz des Priamos. Auch wenn Schliemann irrte, indem er den Schatz dem unglücklichen König zuwies, gehört seine Entdeckung zu den Sensationen der Archäologie-Geschichte. Die Datierung und Dokumentierung der Hauptschichten leistete allerdings erst Wilhelm Dörpfeld, der seit 1882 an den Grabungen beteiligt war. Inzwischen haben sich die Methoden wesentlich verfeinert: Magnetographische Messungen führten 1992 zur Entdeckung verbrannter Stadtmauern, die wirklich aus dem Trojanischen Krieg stammen könnten. Wo soviel wissenschaftliches Instrumentarium nötig ist, gibt es für die heutigen Besucher wenig zu sehen. Dem Blick des Fachmanns enthüllt sich freilich Bedeutsames: Die in Schicht I (3000–2500 v. Chr.) gefundenen megaronähnlichen Häuser (Bauten mit einem oder zwei hintereinanderliegenden Räumen und vorgezogenen Längswänden) sind die ältesten bisher bekannten ihres Typs – kulturgeschichtlich so wichtig sind sie vor allem, weil diese Form bis in die klassische griechische Baukunst hinein zu verfolgen ist.

Landschaftlich wesentlich schöner ist das nahegelegene *Assos*: Hier krönen die Säulen eines dorischen Athena-Tempels noch den 238 Meter hohen Steilfelsen über dem Meer. Unterhalb des Gipfels liegen auf einer flachen Terrasse Gymnasium, Agora und das antike Rathaus. Eindrucksvoll ist die gut erhaltene alte Stadtmauer, innerhalb derer für einige Jahre auch der Philosoph Aristoteles (384–322 v. Chr.) gelebt hat. Am Fuß des Felsens im kleinen Yachthafen *Kadırga* wartet eine osmanische Karawanserei,

Bedeutende Stätten der Antike, moderne Ferienanlagen und ein noch sehr ursprüngliches Hinterland – so vielfältig präsentiert sich die Westküste der Türkei. Schon von weitem begrüßt ein Nachbau des legendären hölzernen Pferdes die Besucher von Troja.

Vom geschäftigen Hafen in Ayvalık aus (Mitte oben und unten) lassen sich herrliche Bootstouren zu den 23 vorgelagerten Inseln unternehmen; auch zum griechischen Lesbos besteht eine regelmäßige Schiffsverbindung.

restauriert und zum Hotel ausgebaut, wie seit alters her auf Reisende. An den einstigen Karawanenweg vom Hafen ins Hinterland erinnern eine osmanische Moschee und eine Brücke aus dem 14. Jahrhundert, die östlich der Akropolis liegen.

Antike Metropole Pergamon

Hier und da ragen Hügel aus der flachen Landschaft, gekrönt von bizarren Formationen aus dunklem Basalt und braunem Andesit. Als sei ihnen klar gewesen, daß ihre Baukunst hier mit der Natur wetteifern muß, haben die Herren von Pergamon ihre Akropolis gewaltig ausgebaut – heute noch sind die monumentalen Ruinen des Burgbergs weithin sichtbar. Die einfache Bevölkerung lebte unterhalb der Spitze des Berges, wo sich die Mittelstadt auf Terrassen an den Felsen schmiegt, und in der Unterstadt, deren Überbleibsel zum Teil vom heutigen Landstädtchen Bergama überbaut sind.

Zu besonderer Pracht und Größe gelangte die Siedlung nach den Siegeszügen Alexanders des Großen (336–323 v. Chr.). Einer seiner Erben, der Diadoche Lysimachos (305–281 v. Chr.), hatte

Das von Pinien- und Kiefernwäldern umgebene Ayvalık war einst ausschließlich von Griechen bewohnt, die ihre Heimat jedoch im Jahr 1922 verlassen mußten. Neben schönen klassizistischen Häusern (links oben) prägen auch die nostalgischen Kutschen das Stadtbild.

die Stadt gegen 301 v. Chr. zu seinem festen Sitz gewählt. Als erster König herrschte hier Attalos I. (241–197 v. Chr.). Nach ihm ist die kurzlebige Dynastie der Attaliden benannt, der es gelang, Pergamon in etwas mehr als einem Jahrhundert großzügig zum «Athen des Ostens» auszubauen, bevor es 133 v. Chr. an die Römer fiel, die wiederum das Ihre zur Entwicklung der Stadt beitrugen. So zieren Monumente verschiedenster Epochen den Burgberg: weithin sichtbar das steil in den Westhang hineingehauene *Theater* mit seiner rund 250 Meter langen Theaterterrasse sowie am Nordende dieser Terrasse der marmorne *Dionysos-Tempel* aus der Römerzeit. Über dem Theater erheben sich Mauerreste des dorischen *Athene-Tempels* aus der Zeit Alexanders des Großen, überragt vom römischen *Trajan-Tempel* aus dem 2. nachchristlichen Jahrhundert. Zwischen den Tempeln finden sich die spärlichen Überreste der einst so berühmten *Bibliothek*. Hinter ihr beginnt die Reihe der *Herrscherpaläste* an der nördlichen Stadtmauer. Vom vielleicht wichtigsten Monument der Stadt, dem *Zeus-Altar*, sind etwas weiter südlich, zwischen zwei zur Markierung gepflanzten Pinien nur noch die Fundamente zu sehen. Der deutsche Archäologe Carl Humann, der Entdecker des Zeus-Altars, hatte dessen berühmte Reliefs aus den Händen von Kalkbrennern gerettet und nach Berlin gebracht. Heute ist dies ein Politikum, da die Türkei seit Jahren immer wieder vehement deren Rückgabe fordert .

Höchst interessant ist der Gang durch Mittel- und Unterstadt hinunter nach Bergama: Antike Wohnviertel, Thermen, Gymnasien und die Reste römischer Tempel säumen den steilen Weg. Bereits im heutigen Stadtgebiet liegt weithin sichtbar die sogenannte *Rote Halle*, türkisch «Kızıl Avlu». Mit ihr betritt man die

Ära des frühen Christentums: In den ursprünglich wohl den ägyptischen Gottheiten Serapis und Isis geweihten Tempel wurde in frühbyzantinischer Zeit eine Kirche hineingebaut.

Eine Reihe weiterer Sehenswürdigkeiten im Norden der heutigen Stadt beweist, daß Pergamon unter römischer Herrschaft ein wichtiges Heil- und Kurzentrum war: Folgt man dem Flüßchen Bergama Çayı, dem antiken Selinus, in nördlicher Richtung, erreicht man am Ortsende Reste eines *Stadions* und eines *Theaters* aus römischer Zeit. Aus derselben Epoche stammt auch das nahegelegene *Amphitheater*. Es wurde über einem Bach errichtet, der zur Vorführung von Seegefechten aufgestaut werden konnte. Der festliche Aufwand wurde nicht zuletzt für die zahlreichen Heilungssuchenden betrieben, die das wenige hundert Meter weiter gelegene *Asklepieion* anzog.

Bereits im 5. Jahrhundert entstanden, wurde das nach dem Gott der Heilkunde benannte Heiligtum zur Zeit des berühmten Arztes Galen (129–199) weitläufig ausgebaut: Die Heilstätten säumen einen großen Platz, in dessen Umgebung sich ein Tempel nach Vorbild des römischen Pantheons, ein kleines Theater sowie eine als Brunnen gefaßte heilige Quelle befinden. Ein rund 80 Meter langer Tunnel führt vom Brunnen zum Unterbau des eigentlichen Kurhauses, das in seinem Erdgeschoß eine Reihe von Behandlungsräumen aufweist. Antiken Überlieferungen zufolge wurde hier eine Art Musiktherapie angewandt.

Wie eine kleinere Ausgabe Pergamons wirkt das etwa 50 Kilometer südlich gelegene antike Städtchen *Aigai*. Weit weniger imposant als die berühmte Nachbarstadt, weist es einen großen Vorzug auf: Die Stadt ist noch nicht ausgegraben, wird deswegen selten besucht und vermittelt die ruhigere, besinnlich-romantische Stimmung unberührter Ruinenstätten. Verfallene Sehenswürdigkeiten unter Pinien und Walloneneichen, dazwischen die weidenden Schafe – ein Paradies für Träumer. Dabei stehen die Mauern der ehemaligen Markthalle noch drei Stockwerke hoch, und auf insgesamt vier Terrassen findet der Spaziergänger eine Reihe von Überbleibseln aus der hellenistischen und der römischen Epoche. Erreichbar ist Aigai über die Landstraße İzmir–Çanakkale, beim Städtchen Yenişakran biegt man landeinwärts zum Dorf Köseler ab.

Aus dem 2. Jahrhundert stammen die weitläufigen Faustina-Thermen in Milet, die der römische Kaiser Marc Aurel für seine Gattin errichten ließ (oben). Der Athena-Tempel von Priene zählt zu den bedeutendsten Bauten des 4. vorchristlichen Jahrhunderts in der Türkei (unten).

İzmir – das Tor zum Mittelmeer

İzmir, das an der Stelle einer schon in der Antike bekannten Siedlung liegt, ist heute die drittgrößte Stadt und der größte Exporthafen der Türkei. Die alte Handelsstadt besitzt das bedeutendste

Messegelände des Landes, das in messefreien Zeiten mit seinen Teegärten, einem kleinen Zoo, einem Botanischen Garten und einem Lunapark ein beliebtes Erholungsgebiet für die Bürger darstellt. Anregend ist ein Spaziergang über den *Kordon*, die Uferstraße südlich des Platzes der Republik (Cumhuriyet Meydanı) – seine mediterran-heitere Atmosphäre läßt sich in einem der zahlreichen Restaurants besonders schön genießen. Verlockend sind hier vor allem die würzigen «çöp şiş», kleine am Holzspieß gegrillte Fleischstückchen, zu empfehlen ist aber auch der «çipura» (Goldbrasse), einer der schmackhaftesten Fische der Ägäis. Auf diese Weise gestärkt, läßt sich gut das Basargelände *Kemeraltı* im Stadtteil Basmane besichtigen, bevor man zur *römischen Agora* (Ende des 2. Jhs.) oder zur Zitadelle *Kadifekale* weitergeht, deren von den Osmanen reparierte Mauern aus spätbyzantinischer Zeit (13. Jh.) stammen. Das *Archäologische Museum*, in der Nähe der Oper an der Milli-Kütüphane-Straße gelegen, zählt zu den wichtigsten des Landes – nicht sehr verwunderlich, liegen doch die bedeutendsten Orte des kunstreichen Ionien nicht weit entfernt im Süden der Stadt.

Am Burgberg liegt das gewaltige Theater von Pergamon (oben). Die Stadt Hierapolis oberhalb von Pamukkale erlebte unter den Römern ihre größte Blüte (unten).

Bis zu 100 Meter ragen die weißen Sinterterrassen von Pamukkale über die Ebene von Denizli auf.

Ionische Perlen – Priene, Milet und Didyma

Hoch über der Schwemmlandebene liegt *Priene* am Hang des Mykale-Gebirges, heute Samsun Dağı: Schwer vorstellbar, daß diese alte Siedlung einst eine Hafenstadt war. Verantwortlich für die Verlandung ist der Mäander, der im Lauf der Jahrtausende so

Schon die alten Griechen und Römer wußten um die Heilkraft des rund 35 Grad heißen Wassers in Pamukkale. Ein Bad im Quellteich, in dem Säulen des antiken Hierapolis liegen, ist auch für die heutigen Besucher ein Erlebnis.

viel Schwemmerde abgelagert hat, daß sich das Meer weit zurückziehen mußte. Die Ruinen Prienes zeugen noch immer vom Reichtum aus dem Seehandel: Neben Theater und Agoren fallen vor allem die schlanken Säulen des ionischen Athena-Tempels auf. Aus byzantinischer Zeit stammen die Bischofskirche direkt gegenüber dem Theater und das Kastell, das im 6. Jahrhundert über das ehemalige Zeus-Heiligtum gebaut wurde. Nach der Besichtigung empfiehlt es sich, im Dorf Güllübahçe am Zugang zur Akropolis mit seinem von einem antiken Aquädukt gespeisten Fischteich eine der leckeren Forellen zu probieren.

Das «Baumwollschloß»

Die Kalksinterterrassen von Pamukkale

Weiße Märchenwelt aus Wasser und Kalk: Durch die Sinterablagerungen der heißen Quellen sind bizarre Stalaktiten, runde Becken und unzählige kleine Terrassen entstanden (links unten und rechts).

Weit blickt das Auge in die fruchtbare Ebene von Denizli, die, obwohl noch zum Hinterland der Ägäis gehörend, fast schon an die endlosen Ebenen des anatolischen Hochlands erinnert. Jäh aber unterbricht strahlendes Weiß das Grün der Felder: Steil steigen die Kalksinterterrassen von Pamukkale aus der Ebene empor – weit berühmt und von der UNESCO zum Weltkulturerbe erklärt. Das Wasser hat dieses Wunder geschaffen: Thermalquellen, aus kalkhaltigen Karstgebirgen gespeist, sprudeln hier den bis zu 100 Meter hohen Abhang hinab. Das erkaltende Wasser setzt gelösten Kohlenwasserstoff frei, der so täglich neue, feinste Schichten des weißen Kalkes bildet. So entstanden im Lauf der Jahrtausende Hunderte wassergefüllter Bassins, die heute den gesamten Abhang überziehen. Doch die Idylle des einst watteweißen «Baumwollschlosses», so die Übersetzung des türkischen Namens Pamukkale, ist längst gestört: Seit Jahren nämlich leiten die umliegenden Hotels das zur Erhaltung des Naturwunders so wichtige Wasser in ihre Swimmingpools um. Die Scharen begeisterter Touristen haben ihre Spuren hinterlassen, denn jeder Schritt schabt eine winzige Spur des Kalkes ab. Da empfiehlt es sich eher, der Entdeckerlust in den gleich oberhalb von Pamukkale gelegenen Ruinen des antiken Hierapolis zu frönen. Der von dem pergamenischen Herrscher Eumenes II. (197 bis 159 v.Chr.) gegründete Kurort wurde in römischer Zeit zu einem Badeort von Weltrang ausgebaut. Sehenswert sind hier vor allem die christliche Basilika und das Theater mit seinen guterhaltenen Reliefs.

Christopher Kubaseck

Von der byzantinischen Zitadelle des Städtchens Selçuk bietet sich ein schöner Blick auf die Ruine der im 6. Jahrhundert errichteten Johanneskirche (im Vordergrund) und auf die im syrischen Stil erbaute İsa-Bey-Moschee.

Weiter südlich, direkt in der Schwemmlandebene des Mäander, liegt *Milet.* Nur das drei Ränge hoch aufgeführte Theater erhebt sich weit aus der sumpfigen Ebene heraus. So ist es denn auch die bedeutendste Sehenswürdigkeit der einst blühenden Handelsstadt. Mit seinen fast neunzig Tochterkolonien rund um die umliegenden Meere war Milet vor allem im 7. bis 6. Jahrhundert v. Chr. ein Welthandelszentrum: Vier Häfen, riesige Werften

In den Altstadtgassen (oben) und auf dem Konak-Platz mit seinem verspielten Rokoko-Uhrturm (Mitte) kann man den vielgerühmten mediterranen Charme der Stadt İzmir am besten spüren.

und große Lager ermöglichten den Handel mit Waren aus der gesamten bekannten Welt. Die Verbindungen reichten vom Ural bis tief nach Ägypten hinein. In der kosmopolitischen Metropole Ioniens blühten die Wissenschaften früh und glanzvoll. Bekanntester Sohn der Stadt ist sicherlich der Philosoph und Mathematiker Thales von Milet, der nicht nur den nach ihm benannten berühmten Lehrsatz formulierte, sondern auch die Sonnenfinsternis des Jahres 585 v. Chr. vorausberechnete.

Weit deutlicher als an den im Schlamm versunkenen Ruinen Milets läßt sich der einstige Reichtum der Stadt am Apollon-Tempel des zu Milet gehörigen Heiligtums *Didyma* ermessen, der größten antiken Tempelanlage der Türkei: Zwanzig Kilometer südlich von Milet stehen die Ruinen des nie vollendeten Orakelheiligtums mit ihren kolossalen Säulen. Der Bau sollte 29 Meter hoch werden, 122 Säulen sollten einen Unterbau von 51 mal 109 Metern bekrönen. Die Ausführung der Basen, Kapitelle und Friese ist von atemberaubender Perfektion, und auf dem besonders häufig fotografierten Abbild der Medusa sind sogar noch die Spuren des Meißels frisch wie am ersten Tag zu erkennen.

Zu einem Aufenthalt in İzmir gehört ein Bummel über den Kordon, die 3 Kilometer lange palmengesäumte Uferpromenade mit ihren zahlreichen Restaurants und eleganten Geschäften.

Mit der Dampflokomotive ins Teppichdorf

«Ein Platz an der Sonne!» – nicht etwa aus der Tourismuswerbung stammt dieses Motto, sondern aus der Zeit der Bagdad-Bahn, mit deren Bau sich das Deutsche Reich Ende des 19. Jahrhunderts den Zugang zu den Märkten und Rohstoffen der Türkei verschaffen wollte. Auf diese Weise kamen auch zahlreiche Lokomotiven von Krupp ins Land und sind noch heute allenthalben zu finden. So auch am İzmirer Bahnhof Alsancak, von dem aus ein historischer Zug auf Bestellung zum kleinen Dorf Çamlık in der Nähe von Ephesos fährt. Dort erwartet die Ausflügler ein Lokomotivenmuseum, in dem man die zahlreichen gut restaurierten Maschinen nicht nur von außen besichtigen, sondern auch betreten darf. Jenseits der Schienen steht das Teppichdorf Sultanköy: Von der Spindel über den Bottich mit Naturfarben bis hin zum Webstuhl kann hier das Entstehen eines Teppichs von Anfang bis Ende verfolgt und das fertige Kunstwerk – natürlich – auch gekauft werden.

Inmitten der Ruinen der antiken Stadt Herakleia über dem Bafa-See liegt das kleine Dorf Kapıkırı. Im Sommer ist es meist verlassen, da die Bewohner dann auf den Almen oder direkt am See leben.

Wo das Geld erfunden wurde – die Königsstadt Sardes

Sprichwörtlich ist der Reichtum des Lyderkönigs Kroisos (Krösus) geworden, den man auf die Goldgruben im Tal des Paktolos zurückgeführt hat. Historisch wahrscheinlicher mag es sein, daß die Legende die Folgen einer Entdeckung aufgriff, die unser Leben noch heute bestimmt: Die Lyder sind es gewesen, die die Münzprägung erfanden und so den Übergang von der Tausch- zur Geldwirtschaft ermöglichten. Auch die Lage der Stadt Sardes an der persischen Königsstraße zwischen Ephesos und dem weit entfernten Susa begünstigte den Handel: Der stattliche *Artemis-Tempel* – zwei seiner ionischen Säulen stehen noch – vor der romantischen Kulisse des Tmolos-Gebirges beweist die wirtschaftliche Macht von Sardes ebenso wie das hervorragend restaurierte *Thermengymnasium* aus der Zeit des römischen Kaisers Caracalla (211–217). Dicht beim Gymnasium an der Straße nach Salihli liegt auch eine beeindruckend große *Synagoge* aus dem 3. Jahrhundert; vor allem das teilweise erhaltene Fußbodenmosaik und die kostbaren Marmorintarsien weisen darauf hin, daß es der von den Römern hier angesiedelten jüdischen Gemeinde recht gut gegangen sein muß.

Zentrum der Bildhauer: Aphrodisias

Eine der ergiebigsten Grabungsstätten der Türkei ist die alte karische Siedlung Aphrodisias beim kleinen Dorf Geyre in der Provinz Aydın – die riesigen Marmorreserven im nahegelegenen Berg Baba Dağı haben die Blüte der schon im 3. Jahrtausend v. Chr. besiedelten Stadt möglich gemacht. Fast sechs Jahrhunderte lang existierte hier eine Bildhauerschule, die ihre steinernen Werke in die gesamte antike Welt exportierte. Daß dabei viel auch in der Heimat verblieb, versteht sich von selbst. Doch nicht nur Großplastiken, sondern auch die kleinen Werkstücke der Lehrlinge, die hier geborgen werden, sind von großem Interesse, erlauben sie doch gute Einblicke in die angewandten Techniken. Auch nach der Umsiedlung der Einwohner ist das alte Dorf Geyre noch eng mit dem Ruinengebiet verbunden, und so führt auch die Dorfstraße zum *Tetrapylon*, einem Torbau mit Vierergruppen korinthischer Säulen, der den Bezirk des *Aphrodite-Tempels* abschloß. Neben *Buleuterion*, *Bischofspalast* und *Bädern* aus der Zeit Hadrians besitzt Aphrodisias das besterhaltene *Stadion* Kleinasiens. Das in einen vorgeschichtlichen Siedlungshügel hineingebaute *Theater* stammt zwar ursprünglich aus hellenistischer

Das Südufer des Bafa-Sees ist vor allem mit Olivenhainen bewachsen. Neben den Oliven bieten die Bauern der umliegenden Dörfer auch Walnüsse zum Verkauf an.

Malerisch erhebt sich die Ruine eines befestigten byzantinischen Bischofssitzes auf einer Halbinsel im Bafa-See (oben). In der Umgebung des Sees lassen sich schöne Wanderungen oder auch anspruchsvolle Bergtouren unternehmen (unten).

Machtvoll beherrscht das von den Kreuzrittern errichtete Kastell St. Peter Stadt, Hafen und die weite Bucht von Bodrum.

Zeit, wurde von den Römern jedoch zu eigenen Zwecken umgebaut: Die tiefergelegte Orchestra erlaubte es dem Publikum, die gefährlichen Darbietungen römischer Zeit – Gladiatorenkämpfe und Tierhatzen – aus sicherer Entfernung zu verfolgen. Die von den Kaisern gewährten Privilegien wurden am *Bühnenzugang* in den Stein gemeißelt – heute bilden sie ein wertvolles Dokument der Stadtgeschichte in der Zeit von 39 v. Chr. bis 243 n. Chr.

Bezauberndes Bodrum

Wild zucken Laserstrahlen in den dunklen Himmel, laut dröhnt der Baß in der Nähe der Diskothek «Halikarnas» durch die Gassen. Heißer Wunschtraum türkischer Teens: ein Sommerurlaub in Bodrum mit seinem wilden Nachtleben und seinen schönen Stränden. Sie interessiert es wenig, daß Nachfahren der dorischen Stadtgründer hier das nach König Mausolos (377–353 v. Chr.)

Bodrum, einer der beliebtesten Ferienorte der Türkei, macht nicht zuletzt auch durch sein vielfältiges Angebot an Restaurants, Bars und Kneipen von sich reden.

benannte *Grabmal*, eine ionische Säulenhalle auf 15 Meter hohem Sockel, erbaut haben – eines der Sieben Weltwunder der Antike, beeindruckend nicht nur durch seine kunstvollen Reliefs, sondern auch durch seine Höhe von immerhin mehr als 50 Metern. Doch die Vertreter der türkischen «Jeunesse dorée» sind nicht die ersten, die sich unempfindlich zeigen; haben doch die Kreuzritter – mit Sündenablaß durch den Papst – die bei einem Erdbeben zerstörten Reste des Mausoleums ungeniert in ihre *Burg St. Peter* verbaut. Die auf einer Halbinsel gelegene Festung (1415–1437 von den Johannitern erbaut), heute das Wahrzeichen

der Stadt, dient inzwischen als Museum und birgt bedeutende Meeresfunde: das gegen 1200 v. Chr. gesunkene Schiff von Finike beispielsweise oder das Wrack des wohl 1400 v. Chr. einem Sturm zum Opfer gefallenen Schiffes von Uluburun, das Erkenntnisse über die Ausdehnung der antiken Handelswege und die historischen Handelsgüter ermöglicht – vom Bernstein des Baltikums bis hin zum Elfenbein vom Nil. Ebenfalls eindrucksvoll ist die «Halle des Glases», die eine konzentrierte, anschauliche Einführung in die Geschichte dieses zeitlosen Werkstoffs bietet – angefangen mit 3400 Jahre alten Glasperlen aus den Schiffswracks. Doch nicht nur den Museumssälen sollte man seine Aufmerksamkeit widmen, sondern auch der Festung selbst. Besonders schön ist der Blick, der sich von ihren zahlreichen Türmen über den Hafen bietet.

Wem der Hausstrand von Bodrum, *Gümbet*, zu überlaufen ist, der findet auf der gleichnamigen Halbinsel ruhigere Badeorte wie etwa *Gümüşlük*, *Yalıkavak*, *Turgutreis* und *Torba* – zu diesen Dörfern bestehen in der Saison bis spät in die Nacht gute Verbindungen mit den typischen Minibussen.

Auch Güllük hat sich vom Fischerdorf in einen vielbesuchten Badeort verwandelt. Von einem der Lokale aus (rechts) oder in der kleinen Werft (oben) können die Urlauber hier noch den türkischen Hafenalltag beobachten.

Die Stadt der Göttin

Die antike Weltstadt Ephesos

Der Rundgang durch Ephesos vermittelt einen faszinierenden Eindruck vom Leben in einer antiken Metropole. Zu den prachtvollsten Bauwerken gehört die Celsus-Bibliothek (oben), deren Fassade nahezu vollständig aus Originalteilen rekonstruiert wurde.

Kybele, Artemis, Diana und Maria: Kaum anderswo läßt sich der Reigen der Muttergottheiten so eindrucksvoll nachvollziehen wie in der ehemaligen griechischen Weltstadt an den Gestaden der Ägäis. Denn bereits die ionischen Siedler, die hier im 11. Jahrhundert v. Chr. ihre Kolonie gründeten, fanden ein Heiligtum der anatolischen Göttin Kybele vor, das ihnen die Karer und Leleger hinterlassen hatten. Als Artemis lebte sie unter den neuen Siedlern weiter, Diana wurde sie von den Römern genannt. Dem Apostel

Paulus wäre sie fast zum Verhängnis geworden: Als er im Theater von Ephesos gegen die Diana der Epheser wetterte, lud er den Volkszorn auf sich – nachzulesen in der Bibel. Obwohl seine Nachfolger das Christentum in Anatolien durchsetzen konnten, ließ sich die Muttergöttin doch nicht ganz unterdrücken, sondern ging in der Figur der Maria auf: Es wird kein Zufall sein, daß sie im Jahr 431 gerade in Ephesos zur Mutter Gottes erklärt wurde. Heute ist das Standbild der Artemis im Museum des

nahen *Selçuk* zu sehen. Das außerhalb des Ortes gelegene *Artemision*, in dem ihre Statue einst stand, wurde in der Antike zu den Sieben Weltwundern gezählt. Heute zeugen nur noch wenige Säulen von der einstigen Pracht.

Weit prächtiger ist Ephesos selbst mit seinen vorwiegend römisch-kaiserzeitlichen Ruinen: Vorbei am *Vedius-Gymnasium* und dem *Stadion*, dem riesigen *Lebensmittelmarkt* und dem *Theatergymnasium* erreicht man das imposante *Theater*. Ein Kleinod ist die liebevoll restaurierte Fassade der *Celsus-Bibliothek* mit ihren wundervollen Schmuckfriesen. Einblick in das – wenn auch gehobene – Alltagsleben einer römischen Stadt in Kleinasien geben die *Hanghäuser*. Wandmalereien und Mosaiken, Bäder und Fußbodenheizungen künden von einem imposanten künstlerischen und technischen Standard. Die *Kuretenstraße* führt an Tempeln, Brunnenhäusern und Denkmälern vorbei zum Ostgymnasium.

Christopher Kubaseck

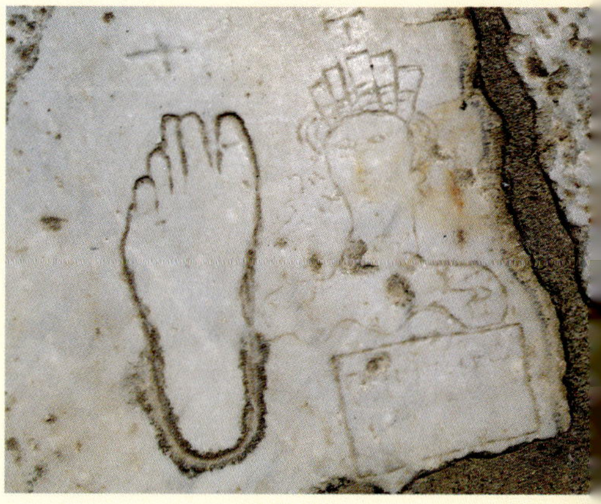

Von den obersten Sitzreihen des Theaters von Ephesos überblickt man die gesamte Arkadiane, eine 500 Meter lange, einst von Arkaden geschmückte Prunkstraße, die zum Hafen führte (oben). Die Gravur in der Marmorplatte wird gern als Hinweis auf ein Freudenhaus interpretiert (ganz rechts).

Sonnenland am Mittelmeer

Die Südküste und das Taurusgebirge

Die hoch über der Stadt Alanya gelegene Zitadelle bietet einen wunderbaren Blick auf die Küste und über das Taurusgebirge.

Zerklüftete, bewaldete Küsten, einsame Badebuchten und weite Strände – der Süden der Türkei ist ein wahres Paradies für Naturbegeisterte, Sonnenanbeter und Wassersportler. Doch auch Kulturfreunde kommen an der südlichen Mittelmeerküste auf ihre Kosten, denn zahlreiche Baudenkmäler und Ausgrabungsstätten lassen hier die Vergangenheit lebendig werden. Jahrtausendelang – bis zum Zeitalter der großen Entdeckungen – war das Mittelmeer ein zentraler Verkehrs- und Kulturraum zwischen Europa, Afrika und Asien. Besonders wichtig war die mediterrane Küstenschiffahrt: Von Hafen zu Hafen, von Stadt zu Stadt ging die Reise mit den begehrten Kostbarkeiten aus aller Herren Länder.

Wie die Natur, so war auch der Mensch des Menschen Feind – als berüchtigt galten etwa die kilikischen Piraten im Osten von Antalya, die erst um die Zeitenwende von den Römern erfolgreich bekämpft werden konnten. Unter der «pax romana», dem römischen Frieden (1. Jh. n.Chr.), sollte die wahre Blüte der Südküste einsetzen: Besonders Aspendos, Perge und Side entwickelten sich in dieser Zeit zu bedeutenden Zentren, deren bauliche Reste noch heute vom einstigen Glanz zeugen. Natürlich blieben die verschiedenen Regionen des insgesamt 1577 Kilometer langen Küstenstrichs auch von den Kulturen der Nachbarregionen nicht unberührt. So sind in Lykien, dem westlichen Küstenabschnitt, und im zentral gelegenen Pamphylien Einflüsse der ägäisch-griechischen Kultur zu erkennen. Die kilikische Küste im Osten war dagegen persisch, syrisch und später armenisch geprägt.

Die reiche topographische Binnengliederung der Küste sorgt für landschaftliche Abwechslung: Trägt die Bucht von Marmaris noch stark ägäischen Charakter, so zeigt sich das etwas südlich gelegenere Fethiye schon als subtropische Region: Die bereits ab der Uferlinie baumbestandenen Inselkegel scheinen direkt aus dem Wasser zu wachsen. Kleine, vom Land aus schwer erreichbare Badebuchten zwischen steilen Felsen prägen das ins Meer vorgeschobene Massiv zwischen Marmaris und Antalya. Sie bieten ideale Anlegestellen für Fischerboote und Yachten. Zwischen Antalya und Alanya gestatten kilometerlange, sanft abfallende Strände kinderfreundlichen Badeurlaub, zwischen Alanya und Silifke herrscht dagegen eher die schroffe Steilküste vor. Sie wird

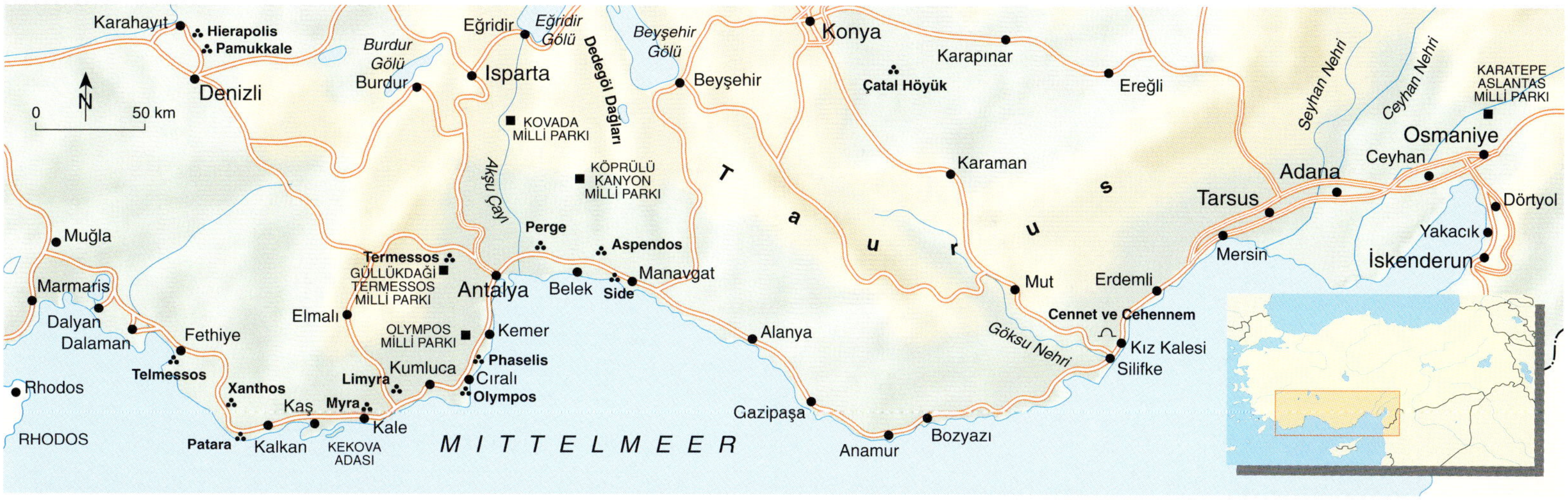

Eine beliebte Station auf dem Bootsausflug von Kaş zur Insel Kekova ist der von einer mittelalterlichen Burg überragte Fischerort Kaleköy (oben). Der Dorfkern von Kalkan hat seinen idyllischen Charakter bis heute bewahrt (unten).

jedoch an mehreren Stellen, wie etwa bei der Stadt Anamur, von kleinen Schwemmlandebenen unterbrochen, die intensiven Obstbau ermöglichen – neben Zitrusfrüchten gedeihen dort sogar die kleinen, sehr süßen türkischen Bananen.

Pinien und Weihrauchbäume: Rund um Marmaris

Sanfte grüne Hügel über glitzernden Wellen auf tiefblauem Wasser: Durch die umgebenden Berge fast gänzlich vor kalten Winden abgeschirmt liegen die Inseln in der Bucht von *Marmaris*

am Anfang der Halbinsel Reşadiye. Die geschützte Lage hat hier ein Mikroklima entstehen lassen, das ideale Wachstumsbedingungen für exotische Flora bietet. So ist Marmaris für seine Weihrauchbäume berühmt, und die Pinien erreichen stattlichere Ausmaße, als dies anderswo im Land der Fall ist. Weniger schön ist das Stadtgebiet: Nach dem verheerenden Erdbeben des Jahres 1958 sind die alten türkischen Häuser durch einfallslose Betonbauten ersetzt worden; einzig die Festung Marmaris Kalesi, nach dem Feldzug gegen die Kreuzritter auf der benachbarten Insel Rhodos 1522 von Sultan Süleyman dem Prächtigen errichtet, hebt sich wohltuend davon ab. Einladender als das Stadtgebiet präsentieren sich die sauberen Strände: Besonders die Badeorte İçmeler, Kumlu Bükü und Turunç sind sehr zu empfehlen.

Zum antiken *Knidos* am äußersten Ende der Halbinsel Reşadiye führt eine mehrtägige, reizvolle Yachttour: Schon die Anreise entlang der Küste dauert mindestens einen Tag. Einen ganzen Tag sollte man sich auch für die eindrucksvollen Ruinen von Knidos Zeit nehmen. Ihren Reichtum verdankte die von den Dorern gegründete Hafenstadt den klimatischen Bedingungen: Die vorwiegend nachmittags aus Nordwest blasenden Etesien-Winde, heute auf türkisch «meltem» genannt, zwangen, in der Antike wie

Das «kannelierte Minarett» gilt als Wahrzeichen Antalyas (oben). Mit seinen Restaurants ist der Yachthafen ein beliebter Treffpunkt der Stadt (unten und rechts).

heute, aus dem Süden kommende Schiffe bis zum nächsten Morgen im Südhafen der Stadt anzulegen – Liegegebühren, Hafenzölle und blühender Handel ermöglichten den großzügigen Ausbau der Stadt. Hafenanlagen, ein Aphrodite-Tempel, der einst die weltberühmte «nackte Aphrodite» des Praxiteles barg, ein Demeter-Tempel, zwei Theater und die Mauern der Akropolis schmükken den Ort, der einst auch Kurgäste beherbergte, da er eine weithin bekannte Ärzteschule besaß.

Auf der Rückreise sollte man in *Datça* Halt machen: Das Städtchen, das noch immer das Flair eines Fischerdorfs hat, besitzt im westlichen Hafenbecken einen feinen, sauberen Strand. Wer Salzwasser scheut, kann auch in einer zu einem großen Teich gefaßten Süßwasserquelle direkt am Strand baden. Als weitere Ausflugsziele zwischen Datça und Knidos kommen *Kargı* mit seinem schönen Strand, *Mesudiye*, wo es einen vorzüglichen Wein gibt, und das kleine Fischerdörfchen *Palamutbükü* in Frage.

Noch sind rund um den Hafen von Antalya viele traditionelle Händler und Handwerker ansässig (oben und unten).

Einladung zur «Blauen Reise»

Wer die Südküste vom Wasser aus kennenlernen möchte, sollte die «Blaue Reise» buchen, eine mehrtägige Fahrt von Bucht zu Bucht. Mit dem traditionellen türkischen Motorsegler, dem «gulet», können stille, vom Land aus schwer erreichbare Buchten angesteuert werden; das glasklare, türkisblaue Wasser ermög-

Über mehrere steile Felsterrassen zieht sich der Ort Kalkan den Hang hinauf. Das ehemals von Griechen bewohnte Fischerdorf mit seinen weißgetünchten Häusern ist Ruhesuchenden als Urlaubsziel sehr zu empfehlen.

licht Angeln nach Sicht, und das Schnorcheln im wunderbar warmen, seichten Meer offenbart eine reiche Unterwasserwelt. Doch für den Mitteleuropäer, an einen auch nachts hellerleuchteten, durch Luftverschmutzung getrübten Himmel gewöhnt, ist das sternenübersäte Firmament vielleicht das größte Wunder. Und wenn Ende August gar die Zeit der Sternschnuppen anbricht, ist es ein besonderes Vergnügen, sich auf Deck zu legen und sich dem Erlebnis des Sternenhimmels hinzugeben.

Bester Ausgangspunkt für eine zweiwöchige Segelfahrt bis zur Insel Kekova und zurück ist vielleicht *Fethiye*, das antike Telmessos. Auch in Fethiye haben verheerende Erdbeben wenig Altes überleben lassen. Unversehrt sind lediglich die lykischen Gräber am Felsen über der Stadt, darunter das prächtige Grab des Amyntas mit seiner ionisch gestalteten Fassade. Sehr interessant ist aber die Umgebung der Stadt: Den feinsandigen Traumstrand *Ölü Deniz*, der mit Recht zu den schönsten Stränden der Türkei gezählt wird, erreicht man nach kurzer Fahrt durch die hier besonders stattlichen Pinienwälder. Da der Strand allerdings oft sehr überlaufen ist, empfiehlt es sich, ein wenig weiter nach Osten zu wandern. Nach kurzem Fußmarsch gelangt man an ebenfalls sehenswerte Strände, die selten besucht werden. Auf dem Weg nach Ölü Deniz liegt das verlassene Griechendorf *Kaya Köyü*, das noch einen guten Einblick in die Siedlungsweise der im Jahr 1924 ausgewanderten Minderheit vermittelt; neben vielen griechischen Häusern sind im Ort noch zwei orthodoxe Kirchen erhalten. Nicht zuletzt aber ist die Bucht von Fethiye durch ihre Inseln mit ebenfalls schönen Stränden und teils im Wasser versunkenen Ruinen von Interesse.

In Kaş, einem der liebenswürdigsten kleinen Küstenorte der «türkischen Riviera», begegnet man der Vergangenheit auf Schritt und Tritt; Löwenköpfe zieren den gut erhaltenen lykischen Hyposorion-Sarkophag, der aus dem 4. Jahrhundert v.Chr. stammt.

Als nächsten Ankerplatz sollte man den herrlichen Sandstrand vor der Ruinenstadt *Patara* wählen. Die ehemalige Hauptstadt Lykiens – in der Antike für ihr Apollon-Orakel, das sogar mit dem von Delphi konkurrierte, berühmt – war unter den Römern Provinzhauptstadt und ist deswegen in dieser Zeit großzügig ausgebaut worden; zahlreiche Gebäude aus dieser Epoche wie

48 05 D 0146
LAMA

Holzbalkone schmücken die alten Häuser von Kalkan (oben). Mächtige Eukalyptusbäume begleiten die alte Straße nach Marmaris und bilden eine der schönsten Alleen der Türkei (Mitte). Mittelpunkt des Alltagslebens von Fethiye ist das Marktviertel der Stadt (unten).

Thermen, Theater, Getreidespeicher und Aquädukte prägen das Bild der Stadt. Die lykische Epoche wird vor allem durch die beeindruckende Nekropole repräsentiert, in der noch zahlreiche der typischen lykischen Sarkophage zu finden sind: frei auf rechteckigen Fundamenten stehende Kuben mit verschiedenen, meist nach oben spitz zulaufenden Dachformen.

Wenige Kilometer entfernt bietet sich der kleine Hafen *Kalkan* als Liegeplatz an. Die alten griechischen Häuser geben dem heute ausschließlich türkischen Städtchen eine ganz eigene Atmosphäre. Eine Tagesreise weiter östlich liegt das reizende Fischerdörfchen *Kaş*. Seine felsige Küste eignet sich zwar nicht zum Badeaufenthalt, aber die pittoresken Gassen des Ortes sind einen Besuch wert. Zudem bietet sich der Hafen von Kaş als idealer Ausgangspunkt für Ausflüge in die Umgebung an. Zu den schönsten Zielen, die man von hier aus anlaufen kann, gehört die antike Stadt *Simena*. Neben einer Therme, einem kleinen Theater und Sarkophagen, von denen einige im Wasser stehen, hat die mittelalterliche Burg über der Stadt einen besonderen Reiz. Für einen Badetag sind die wunderschönen, türkisblauen Buchten der nahegelegenen Insel *Kekova* zu empfehlen.

Fortsetzung Seite 117

Fast schneeweißer Sand und türkisblaues Meer: Der piniengesäumte Strand Ölü Deniz gehört zu den größten Attraktionen rund um Fethiye.

Westafrikanische Gäste: Dalyans Karettschildkröten

Im Fischerdorf Dalyan fällt der hohe Anteil dunkelhäutiger Einwohner auf. Das feuchtheiße Klima veranlaßte die Osmanen, hier Afrikaner aus dem Sudan anzusiedeln. Freiwilliger Besuch von der Küste Westafrikas erscheint dagegen jährlich und brachte den kleinen Ort in die Schlagzeilen: Am Strand İztuzu, wo die seltenen Karettschildkröten ihre Eier im Sand vergraben und bebrüten, sollte ein großer Hotelkomplex entstehen, was durch in- und ausländischen Protest verhindert werden konnte. Heute unterstützen auch namhafte Reiseveranstalter ein öko-orientiertes Unternehmen, das beispielsweise umweltfreundliche Paddelbootfahrten anbietet. Wer die Schildkröten nicht stören möchte, sollte den Strand meiden und statt dessen einen Ausflug zur Ruinenstadt Kaunos unternehmen.

Nördlich von Dalyan erstreckt sich der 65 Quadratkilometer große Köyceğiz-See (oben). Die Südküste ist ein wahres Paradies für Schildkröten (unten).

Hoch über dem Delta des Dalyan-Flusses in eine steile Felswand gemeißelt: die karischen Königsgräber von Kaunos aus dem 4. Jahrhundert v.Chr. Sie sind am besten vom Boot aus zu bewundern.

Ein Ausflug in die Bergwildnis

Wanderziel Termessos

Schroffe Felsen und imposante Bäume – bereits die Anfahrt auf der Straße nach Korkuteli bietet einen Vorgeschmack darauf, was die Besucher im hochgelegenen Termessos-Nationalpark erwartet: eine weitgehend intakte Natur, in der seltene

Durch schattigen Bergwald führt die rund zweistündige Wanderung nach Termessos, in der Antike eine der bedeutendsten Siedlungen der Landschaft Pisidien (Mitte und rechts). In seinem Theater fanden über 4000 Menschen Platz (links).

Orchideenarten und Raubvögel wie Adler, Habichte und Falken, aber auch Dachse, Marder und die mit unseren Steinböcken verwandten Bezoarziegen heimisch sind. Wovon die Pisidier, die Gründer der Stadt Termessos, in dieser unwirtlichen Bergregion gelebt haben, ist nicht bekannt, und auch die antike Überlieferung hilft kaum weiter – sie berichtet lediglich von der bei Bergvölkern häufig vorkommenden Freiheitsliebe und dem Kampfesmut der im 3. Jahrhundert v. Chr. hellenisierten Bewohner von Termessos. Diesem verdankten sie unter römischer Herrschaft nach einem Sieg über deren pontischen Feind Mithridates immerhin wirtschaftliche Vorteile wie Zollfreiheit und das Recht auf das selbständige Erheben von Abgaben, was sicher zum wirtschaftlichen Überleben beigetragen hat.

Daß es der Stadt nicht schlecht gegangen sein kann, beweisen die vielen erhaltenen Bauwerke, darunter ein *Gymnasium* mit Bad, eine *Arkadenstraße* mit kunstvollen Säulen, das noch zwei Stockwerke hoch erhaltene *Odeion*, mehrere *Tempel* und die beeindruckenden *Nekropolen* westlich und südlich der Stadt.

Unverzeihlich wäre es, das *Theater* von Termessos nicht zu besuchen, das in hellenistischer Zeit entstand. Atemberaubend – und wie damals üblich in die Wirkung des Bühnengeschehens einkalkuliert – ist der Blick vom Zuschauerraum auf die umliegende Landschaft – auf die schroffen Felsen des Güllük Dağı und das Beydağları-Massiv wie auch der Blick hinunter auf die sanfte Ebene des Göksu Çayı bei Antalya.

Östlich des Theaters finden sich gleich zwei der Artemis geweihte Tempel – ein Hinweis darauf, daß sie in der Antike eine der wichtigsten Gottheiten von Termessos gewesen sein muß. Sehenswert ist vor allem die Ruine des ionischen *Artemis-Tempels*, der in der römischen Kaiserzeit errichtet wurde.

Christopher Kubaseck

Anders als das Innere Anatoliens ist die Südküste keineswegs wasserarm: Viele der aus dem Taurus kommenden Flüsse bilden herrliche Kaskaden, wie hier die Kurşunlu-Wasserfälle bei Antalya.

Nach einer kurzen Etappe erreicht man das Städtchen Kale (Demre), unmittelbar neben den Ruinen des antiken *Myra* gelegen. Publikumsmagnet sind neben der Grabeskirche des heiligen Nikolaus, der im 4. Jahrhundert Bischof von Myra war, ein großes römisches Theater sowie eindrucksvolle lykische Felsengräber.

Als weitere Anlegestelle auf einer Yachttour bietet sich auf der Rückfahrt nach Kaş die Bucht Sıcak İskelesi an, in der die Ruinen der alten lykischen Stadt *Aperlai* zu besichtigen sind. Besonderes Interesse verdienen hier die gut erhaltenen Mauern aus römischer Zeit und zwei kleine Kirchen. Wie in allen lykischen Siedlungen fehlen auch in Aperlai die typischen Sarkophage nicht, sie finden sich in der gesamten Umgebung der Stadt, vor allem aber in der östlich gelegenen Nekropole.

Piraten und Naturhäfen – das östliche Lykien

Nur wenige antike Reste hat *Olympos* noch vorzuweisen, die ostlykische Stadt aus dem 2. Jahrhundert v. Chr. – dabei war sie im Jahrhundert vor der Zeitenwende eine der bedeutendsten Städte der Region. Einem Überfall kilikischer Piraten, die die Stadt verwüsteten, war der rasche Niedergang zu verdanken, und heute zeugen allein ein römisches Theater und die Nekropole von der kurzen Blüte der Stadt. Weit interessanter ist da der seit dem Jahr 1972 bestehende Nationalpark *Olympos-Beydağları* im Hinterland. In den ausgedehnten Wäldern ist hier noch eine artenreiche Fauna zu Hause. Zu den Sehenswürdigkeiten der Umgebung zählt auch die *Höhle von Chimaira*, in der seit Jahrtausenden ein natürlich entzündetes Erdgasfeuer brennt.

Side, das heutige Selimiye, hat nicht nur Strände, Sonne und Meer zu bieten (links): Zu den beeindruckenden Zeugnissen seiner antiken Vergangenheit gehören der Apollon-Tempel (Mitte oben) und der attische Sarkophag, der im Archäologischen Museum zu bewundern ist (Mitte unten).

Das aus starken Quadern errichtete Südtor in Perge stammt noch aus hellenistischer Zeit (links).

Im hervorragend erhaltenen Theater von Aspendos finden vielbeachtete Konzerte statt. Typisch für die römischen Theater der Antike ist das bis auf die Höhe des Zuschauerraums aufgeführte Bühnenhaus.

Atemberaubende Akustik: Konzerte in Aspendos

An Szenen aus dem Basar erinnert das Getümmel der Händler und Besucher am Eingang. Getränke, Snacks, und vor allem billige Sitzkissen – wichtigstes Accessoire für den Konzertgenuß – werden hier schnell noch erstanden, bevor man seinen Platz im 15 000 Besucher fassenden steinernen Halbrund eines der besterhaltenen Theater der Antike einnimmt. So schwankt auch das Ambiente vor Beginn der Aufführung – bestritten von Ensemblemitgliedern der Opern in Ankara und İstanbul, gesponsort von ausländischen Fluglinien – zwischen der fröhlichen Atmosphäre eines Picknicks und der Feierlichkeit eines hochkarätigen Kunst-Events. Musikfreunde aus dem ganzen Land pilgern zu dem noch heute für seine Akustik berühmten Theater.

Nicht weit entfernt, auf einer pinienbestandenen Halbinsel, liegt *Phaselis*, im Altertum ein wichtiges Handelszentrum im östlichen Mittelmeerraum. Kein Wunder, denn die antike Siedlung besitzt neben dem Hafen in der Südbucht und dem Stadthafen weiter nördlich noch eine dritte Schiffsanlegestelle. Die Existenz dreier Naturhäfen mag dafür verantwortlich gewesen sein, daß die Stadt ihre Bedeutung über mehr als ein Jahrtausend hinweg unter verschiedenen Herrschern bewahren konnte: Bereits im 6. Jahrhundert v. Chr. stand Phaselis unter der Herrschaft der Perser, die nach kurzem attisch-delischem Zwischenspiel wieder die Regierung übernahmen. Römer und Byzantiner folgten, und erst der Aufschwung Antalyas unter den Seldschuken im 12. Jahrhundert sollte den Niedergang von Phaselis einläuten.

Die «lächelnde Schöne»: Antalya

Der von niedrigen Felsen reizvoll gerahmte kleine Hafen, seldschukische Bauwerke und die guterhaltene Altstadt sind der Grund dafür, daß Antalya als schönste Stadt der «türkischen

Im Burghof der Zitadelle, dem Wahrzeichen der Stadt Alanya, hat sich die Ruine einer byzantinischen Kirche erhalten.

Wegen seiner malerischen Lage und seines subtropischen Klimas wird Alanya nicht nur als Seebad, sondern zunehmend auch als Winterkurort geschätzt.

Riviera» angesehen wird – für den historischen Kern des einst wichtigsten seldschukischen Hafens trifft dieses Urteil sicherlich zu. Das immense Wachstum der Stadt, das die Attraktivität der Altstadt nach sich zog, hat weniger schöne Zeichen hinterlassen: Fast eine Million Einwohner zählt Antalya mittlerweile; die Mehrheit seiner im Lauf des letzten Jahrzehnts sprunghaft angestiegenen Bevölkerung lebt in den üblichen phantasielosen Appartementhäusern, die die breiten Boulevards säumen.

Die Sehenswürdigkeiten Antalyas konzentrieren sich auf die Umgebung des Hafens. Dort findet sich auch das Wahrzeichen der Stadt: *Yivli Minare*, das «kannelierte Minarett», das 1219 unter seldschukischer Herrschaft entstand; die dazugehörige Moschee existiert nicht mehr. Prachtvollste Hinterlassenschaft aus dieser Epoche ist das Eingangsportal der *Karatay Medrese* in der Altstadt – die kunstvollen Verzierungen sind ein Höhepunkt seldschukischer Steinmetzkunst. Einen Besuch lohnt ebenso die im 13. Jahrhundert unter der Lokaldynastie der Hamidoğulları errichtete *Alaeddin-Moschee*. Zu ihrem Bau wurden auch antike Säulen verwendet, die an ihren ionischen und korinthischen Kapitellen leicht zu erkennen sind. Etwas östlich der Altstadt am İsmet-Paşa-Boulevard erhebt sich das *Hadrians-Tor* – das monumentale Ehrentor ist einer der wenigen Reste der alten Stadtmauern. Etwas außerhalb der Stadt in der Nähe des Strandes Konyaaltı liegt das *Archäologische Museum* (siehe Seite 124) – der Weg lohnt sich, denn das Museum zeigt wichtige Fundstücke aus der Region, die eine anschauliche Vorstellung von der Blüte der nahe gelegenen Städte Perge, Aspendos und Side vermitteln.

Fruchtbares Pamphylien

Flüsse wie der Aksu, Köprü Çayı und Manavgat Çayı, gespeist aus den Schneefeldern des bis zu 2500 Meter hohen Taurusgebirges, ließen die fruchtbare Schwemmlandebene Pamphyliens entstehen, die sich von Antalya bis östlich von Manavgat erstreckt. In der langen Friedenszeit unter römischer Herrschaft konnten hier, gestützt auf den Reichtum der ländlichen Umgebung, Städte von Weltrang wie Perge, Aspendos und Side entstehen.

Weiße Marmormasken, eingebettet zwischen grünem Gras und Gänseblümchen, dazu der Chor der Frösche in der überschwemmten Orchestra des Theaters – im Frühling zeigt sich *Perge* von seiner schönsten Seite. Frei schweift der Blick von den obersten Sitzreihen nach Osten über das weite Areal der antiken Stadt: Stadion, Palästra, Brunnenanlage, Agora und Bischofskirche markieren die Unterstadt, auf der Akropolis sind neben

der Stadtmauer die Reste einer byzantinischen Basilika zu erkennen. Ähnlich ausgestattet ist auch die Akropolis der Stadt *Aspendos*. Besonders beeindruckend sind hier das Theater (siehe auch Seite 119) und der imposante römische Aquädukt vor der romantischen Kulisse der Taurusausläufer, von denen er einst das Wasser zur Stadt herbeiführte.

Das auf einer Halbinsel im Meer gelegene ehemalige Fischerdorf *Side* präsentiert sich als Freiluftmuseum antiker Monumente par excellence: Touristische Highlights sind hier neben dem Theater vor allem die Agora-Thermen, die das Archäologische Museum beherbergen. Die kleine Stadt ist Besucherströmen durchaus gewachsen: Neben kleinen Hotels bieten auch gepflegte Pensionen komfortable Übernachtungsmöglichkeiten.

Mit dem mächtigen Roten Turm, der einst auch als Zisterne diente (unten), wurde Alanyas Hafen in die zinnenbewehrte Befestigungsanlage der Stadt (oben) einbezogen.

Die Landschaft zwischen Alanya und Silifke ist reich an Burgen. Zu den besterhaltenen gehört die mit drei Innenhöfen und 36 Türmen besonders eindrucksvolle Festung Mamure Kalesi in der Nähe von Anamur.

Steiler Felsen, weites Meer: Alanya

Weit ragt der imposante Burgberg von Alanya ins Meer und dokumentiert mit seinen Festungsanlagen Herrschaftsanspruch über Land und Wellen: In der Antike Seeräuberhafen, war die Stadt unter seldschukischer Herrschaft im 13. Jahrhundert ein Flottenstützpunkt gegenüber der von den Kreuzrittern dominierten Insel Zypern. Neben den weitläufigen, zinnenbewehrten Mauern der *Zitadelle*, die früher außer einer Karawanserei, einem Bad und einer Moschee auch einen überdachten Basar in sich barg, zeugen der *Rote Turm* und die am östlichen Hafen gelegene *Werft* von der Bedeutung, welche die zu dieser Zeit Alaiye genannte Stadt für die seldschukischen Sultane besaß.

Daß die einstigen Herrscher mit ihrer Winterresidenz eine gute Wahl getroffen hatten, belegen auch die Entwicklungen der Moderne: Ein unvergleichlicher Bauboom hat Alanya erfaßt, dessen Ende noch nicht abzusehen ist. Tausende deutscher Rentner haben sich hier beispielsweise Eigenheime gekauft. Im Winter existiert in Alanya aus diesem Grund die größte zusammenhängende deutsche Kolonie der Türkei. Ob dabei nicht nur das selbst im Winter frühlingshafte Klima – in der Umgebung gedeihen Bananen – ausschlaggebend ist, sondern auch die Heilkraft

der Tropfsteinhöhle *Damlataş* an der Westseite des Burgbergs, mag dahingestellt bleiben. Die interessanten Tropfsteinformationen der Höhle lohnen jedenfalls auch für nicht an Asthma oder Bronchitis Leidende einen Besuch. Besonders für Familien mit Kindern erweisen sich die westlich der steilen Halbinsel gelegenen Strände Alanyas als ideales Baderevier: Man muß recht weit ins Meer hinauswaten, bis das Wasser Schwimmtiefe erreicht.

Eine ganze Ferienregion mit mehreren großen Clubanlagen ist innerhalb weniger Jahre in Belek entstanden (ganz links). Östlich von Alanya finden sich noch sehr ursprüngliche Küstenabschnitte, an denen die Bananenstauden bis hinunter ans Meer wachsen (Mitte unten). Nicht zuletzt wegen seiner schönen Sandstrände hat sich Kız Kalesi zu einem vielbesuchten Badeort entwickelt (rechts).

Von Land- und Seeburgen

Das an der Mündung des Göksu gelegene *Silifke*, das antike Seleucia, hat auch im deutschen Legendenschatz seinen Niederschlag gefunden: Nur 9 Kilometer nördlich der Stadt steht der Gedenkstein für Friedrich I. Barbarossa. Zahlreiche Geschichten ranken sich um das tragische Ende des deutschen Kaisers, der hier auf dem Dritten Kreuzzug am 10. Juni 1190 vor den Augen seiner Ritter im Göksu-Fluß ertrank.

Überragt wird Silifke von seinem Wahrzeichen, einer Burg aus byzantinischer und armenischer Zeit. Ebenfalls unter der Herrschaft der byzantinischen Kaiser entstand die malerisch im Meer gelegene Burg *Kız Kalesi* gegenüber der antiken Siedlung Korykos mit ihren frühbyzantinischen Kirchenbauten. In der verkarsteten Umgebung Kız Kalesis sind weite Tropfsteinhöhlen entstanden, die bereits in historischer Zeit Aufmerksamkeit erregten: *Cennet ve Cehennem*, «Himmel und Hölle», so nennt man heute die Höhlen in der Nähe von Narlı Kuyu. Eine Marienkapelle aus byzantinischer Zeit markiert den Eingang zur «Himmelsgrotte», die mit Führer und Karbidlampe begehbar ist, dagegen verhindern giftige Gase den Eintritt in die zweite Höhle, die recht passend als «Höllengrotte» bezeichnet wird.

Erlebnis Antike

Ein Besuch im Museum von Antalya

1

1 Die Palette des Archäologischen Museums in Antalya reicht von Funden aus dem Paläolithikum bis zu Kunstwerken aus dem frühen 20. Jahrhundert. Nach dem Archäologischen Nationalmuseum von İstanbul besitzt es die wichtigste Sammlung antiker Fundstücke in der Türkei.

2

3

Ein moderner Museumsbau – 1972 im Westen der Stadt an der Straße zum Strand von Konyaaltı errichtet –, aber auch eine zeitgemäße Präsentation: Das Archäologische Museum von Antalya überzeugt nicht nur durch die Vielzahl bedeutender Fundstücke, die hier gezeigt werden. Auch die nach chronologischen und thematischen Gesichtspunkten leicht nachvollziehbar als Rundgang aufbereitete Konzeption verdient höchstes Lob: Die Erfahrung Museum ist hier einmal nicht geprägt von trockener Wissenschaftlichkeit – hier steht das Erlebnis Antike unübersehbar im Vordergrund.

So beginnt der Rundgang gleich im ersten Raum mit einer Kindersektion, in der selten gezeigte antike Spielsachen und lustige Tierfiguren ausgestellt sind. Die vorgeschichtliche Sammlung im folgenden Raum zeigt primitives Werkzeug, Alltagsgegenstände und urtümlichen Schmuck.

Besonders anrührend sind die Skelette einer schwangeren jungen Frau und ihres Babys aus einem mehr als 4500 Jahre alten Urnengrab.

Nach der Keramiksammlung in Raum 3 folgt einer der visuellen Höhepunkte im Göttersaal: Mit Zeus, Aphrodite, Athena, Hermes und Artemis ist hier ein Großteil der Hauptgötter des griechisch-römischen Pantheons vertreten; dazu kommen noch Nebengötter wie Tyche, Nemesis und Hygieia, sowie in der römischen Kaiserzeit aus Ägypten «eingewanderte Fremdlinge» wie Isis und Serapis. Selbst seltene Bronze-Exponate gibt es hier; sie sind in Raum 5 zu sehen.

Man könnte ohne weiteres auf die Idee kommen, daß der «edle Marmor» das bevorzugte Material antiker Künstler gewesen sein müsse, doch das ist ein Irrtum – Metall war in der Antike teuer, als Material für Kopien der wertvollen Bronze-Originale wurde daher der leichter verfügbare Marmor verwendet. Der hohe Wert des Metalls ist auch der Grund dafür, warum so wenige Originalarbeiten erhalten sind: In den Wirren der Kriege wurden die meisten Statuen eingeschmolzen. Marmorstatuen römischer Kaiser wie Hadrian und Trajan sind im Raum 6, dem Kaisersaal, ausgestellt.

Sarkophage, Ikonen, byzantinische Mosaiken und Münzenfunde dominieren die folgenden vier Säle. Die Säle 11 bis 13 sind dagegen ganz der muslimisch-türkischen Kunst gewidmet: Die kunstvolle Keramik, die alten Fayencen und Korane sowie der kostbare Schmuck stammen vorwiegend aus der Zeit der Seldschuken, dem 13. Jahrhundert.

Christopher Kubaseck

4

5

Eindrucksvoll und übersichtlich werden die Exponate präsentiert: 2 Hermes-Statue im Göttersaal. 3 Statue einer Tänzerin im Kaisersaal. – 4 und 5 Die meisten der prächtigen, reich verzierten Sarkophage stammen aus Perge.

Im Herzen der Türkei

Zentral- und Ost-Anatolien

Weite Ebenen und schroffe Gebirgsmassive, fruchtbare Flußtäler und wüstenhafte Steppen prägen das Herz der Türkei. Wie die Topographie, so ändern auch die Jahreszeiten das Gesicht der Landschaft: Bunte Blütenteppiche im Frühling, graubraune, abgeweidete Gräser und Kräuter im Sommer, hoher Schnee im kalten und langen Winter – Anatolien ist eine harte, von Extremen geprägte Region. Und doch ist diese geradezu menschenfeindliche Gegend eine der Wiegen der Zivilisation; dicht an dicht wetteifert Kleinasien mit dem benachbarten Mesopotamien, dem fruchtbaren Land zwischen Euphrat und Tigris, um den Rang, sich der ältesten städtischen Siedlungen unseres Kulturkreises rühmen zu können. Lange Zeit hielt man zusammen mit Jericho im heutigen Israel die zentralanatolischen Siedlungen Hacılar und Çatal Höyük für die ersten urbanen Siedlungen der Alten Welt – erste Siedlungsspuren wurden dort auf 6800 v. Chr. datiert. Nun hat man mit der namenlosen Stadt im «Tal der Toten», auf kurdisch Nevali Çori, in der Nähe des zumindest in großen Teilen inzwischen fertiggestellten Atatürk-Staudamms im Südosten der Türkei eine noch ältere Siedlung mit dem ältesten bisher bekannten Tempel der Welt entdeckt. Bevor die Fluten des Stausees das Tal überschwemmten, konnten durch Notgrabungen wenigstens die wichtigsten Überreste gerettet werden.

Von unverwechselbarer Eigenart sind die mit Kratern und Kegeln durchsetzten Erosionslandschaften Kappadokiens, in denen man, wie hier in Uçhisar, immer wieder auf Höhlenwohnungen trifft.

Zahlreiche Hochkulturen hat der Landstrich im Lauf seiner Geschichte erlebt: Assyrer mit ihren Handelskolonien, Hethiter, die als erste Eisen im großen Stil verwendeten, die vermutlich aus Thrakien stammenden Phryger und in ihrem Gefolge griechische Völker. Später ließen sich in Kleinasien die keltischen Galater und schließlich die Römer nieder. Perser und Byzantiner strit-

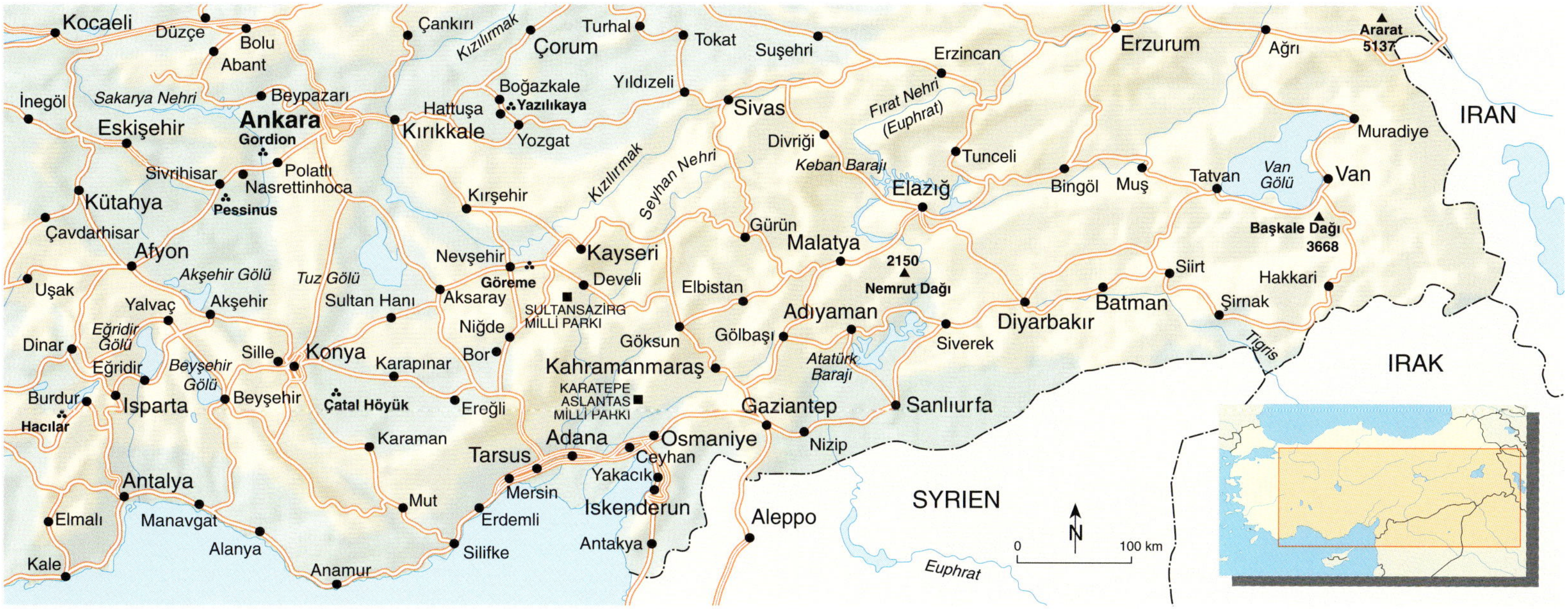

ten sich um das weite Land, dann kamen Araber und schließlich die Türken hinzu. Die im 10. Jahrhundert über Persien nach Anatolien eingewanderten Seldschuken, eine türkische Stammeskonföderation, sollten sich 1071 durchsetzen. Die Seldschuken drückten dem Land auch am deutlichsten ihren Stempel auf, da sich ihre Nachfolger, die Osmanen, vorwiegend auf die europäischen Landesteile ihres Reiches konzentrierten. So überzieht ein Netz seldschukischer Karawansereien, Medresen und Moscheen das Land. Sie zieren altehrwürdige Städte wie Sivas, Erzurum, Erzincan, Kayseri und Karaman als Zeichen einer letzten Blüte, bevor Anatolien in einen mittelalterlichen Dornröschenschlaf versank, aus dem es erst Atatürk wieder erwecken sollte.

Zentrum des neuen Staates – die Hauptstadt Ankara

Ankara spiegelt beispielhaft die Lage ganz Anatoliens nach einem halben Jahrtausend kriegerischer Auseinandersetzungen am Ende des Osmanischen Reiches wider: Die noch im 15. Jahrhundert blühende Stadt war zur Zeit des Befreiungskriegs (1919–1922) ein unbedeutendes Provinznest mit gerade 30 000 Einwohnern. Doch da der neue Staat eine Hauptstadt brauchte, die sowohl die Abkehr von der Sultansherrschaft, als auch die stark gewachsene Bedeutung des verbliebenen Kernlands Anatolien symbolisierte, lag es nahe, das Zentrum des Befreiungskriegs zu wählen: 1923 wurde Ankara zur Hauptstadt der Türkei ernannt.

Die Stadt blickt auf eine lange Geschichte zurück: Möglicherweise ließen sich hier bereits um 2500 v. Chr. Hethiter nieder (siehe Seite 82 f.), Phryger scheinen im 12. Jahrhundert v. Chr. an

Das weite Land zwischen Artvin und Kars gehört bereits zum armenischen Kulturkreis (oben). Auf dem einsamen Nemrut Dağı ließ sich der kommagenische König Antiochos I. (69–38 v. Chr.) eine spektakuläre Gedenkstätte errichten (unten).

Das mit türkisgrünen Fliesen geschmückte Mausoleum Celaleddin Rumis (rechts im Bild) ist das Wahrzeichen von Konya (oben). Alljährlich am 17. Dezember führen die Mevlevi-Derwische in Konya ihren Tanz vor (unten).

dieser Stelle eine stadtähnliche Siedlung angelegt zu haben, und um 227 v. Chr. erhoben die Galater Ankara wahrscheinlich zu ihrer Hauptstadt. Sicher ist, daß die Römer es zur Kapitale ihrer asiatischen Provinz Galatien erklärten. Bauwerke haben Hethiter, Phryger und Galater kaum hinterlassen. Ihre kunsthandwerklichen Zeugnisse kann man am besten im *Museum für Anatolische Kulturen* in einem alten Basargebäude dicht unterhalb der Zitadelle betrachten, das einen hervorragenden Einblick in die Geschichte des alten Orients bietet. In der Nähe der Hacı-Bayram-Moschee findet sich das bedeutendste antike Bauwerk der Stadt: die Reste des *Tempels des Augustus und der Roma*. Im Park oberhalb der Gençlik Caddesi erhebt sich das *Atatürk-Mausoleum*, das Wahrzeichen des neuen Ankara. Mit der monumentalen Anlage hat die republikanische Türkei ihrem Gründer ein spektakuläres Denkmal gesetzt. Am Atatürk-Boulevard ist ein Architekturensemble zu sehen, daß man in der Türkei nicht vermuten würde: Hier reihen sich *Bauhaus-Gebäude* aneinander, die nach Plänen des Österreichers Ernst Egli entstanden sind. Nicht weit entfernt lohnt das Gebäude der *Fakultät für Sprache, Geschichte und Geographie* einen Blick, das der Architekt Bruno Taut im türkischen Exil entworfen hat. Die Bauwerke erinnern an einen in Deutschland noch immer wenig bekannten Abschnitt deutsch-türkischer Kulturbeziehungen: Mit der Aufnahme von mehr als achtzig deutschsprachigen Professoren in der Zeit des Dritten Reiches hat die Türkei verfolgte Intellektuelle wie Ernst Reuter und Rudolf Nissen vor dem Tod im Konzentrationslager bewahrt.

Ornamente und Inschriften schmücken das imposante Portal der Karawanserei Sultan Hanı zwischen Konya und Aksaray. Der seldschukische Sultan Alaeddin Keykubat ließ den wehrhaften Bau ab 1229 anlegen.

Wo Alexander der Große den Knoten durchschlug – Gordion

Ungefähr 80 Kilometer westlich von Ankara, in der Nähe der heutigen Stadt Polatlı, liegt die einstige Phrygerhauptstadt Gordion, die vielen noch aus dem Geschichtsunterricht bekannt sein dürfte: Hier soll Alexander der Große den Gordischen Knoten durchschlagen haben. Doch was zählen Helden und Krieger gegenüber Kunst und Kultur? Darin nämlich waren die Phryger Meister, deren Tongefäße, kunstvolle Holzmöbel oder raffinierte Elfenbeinschnitzereien noch heute begeistern. Gefunden wurden die Zeugnisse eines weitentwickelten Kunsthandwerks in den *Grabhügeln* Gordions. Wichtigster dieser Tumuli ist das Midas-Grab, ein künstlich aufgeschichteter Hügel von fast 60 Metern Höhe. Tief hinein bis in die Grabkammer führt der Tunnel, den amerikanische Archäologen gegraben haben; dort werden die Funde, deren Originale sich heute im Museum für Anatolische Kulturen in Ankara befinden, in Modellen und auf Schautafeln anschaulich präsentiert. Auch der Gang durch das alte Stadtgebiet hat seinen Reiz: Zwischen den teils guterhaltenen Mauern ist hier noch ein Hauch vorchristlicher Geschichte spürbar.

Völkerverständigung auf dem Berg der Götter – der Nemrut Dağı

Von Grab- und verlassenen Siedlungshügeln ist Zentralanatolien geradezu übersät. Weit in den Osten, in die Provinz Adıyaman, führt die Reise zu einem der bedeutendsten dieser künstlich entstandenen Erhebungen – zum Königsgrab des kommagenischen Herrschers Antiochos I. auf dem 2150 Meter hohen Nemrut Dağı. Ein früher Versuch bewußter Synthese zwischen zwei einander fremden Kulturen kennzeichnet das kommagenische Reich, das von 162 v. Chr. bis 17 n. Chr. bestand. Als Herrscher einer Dynastie, die nach dem Zerfall des Seleukidenreichs entstanden war, führten die kommagenischen Könige ihre Ahnentafel auf griechische ebenso wie auf persische Ursprünge zurück, auf Alexander den Großen und dessen Widersacher Dareios I. Alte Gegner friedlich vereint: So finden wir unter den monumentalen Statuen auf dem Nemrut Dağı Zeus in persischen Gewändern, und friedlich schüttelt der nackte Herkules dem kommagenischen Herrscher die Hand – überall Zeichen der Versöhnung.

Kayseri ist für seine seldschukischen Bauten bekannt (oben). Eine weltliche Pilgerstätte vieler Türken: das Atatürk-Mausoleum, das Grabmal des Staatsgründers in Ankara (unten).

Gelbe, abgeerntete Getreidefelder, Maulbeerbäume in grünen Gartenoasen und Plantagen pistazientragender Therebinten – so sonnenverbrannt und ausgedörrt die Landschaft um Kahta bei der Provinzhauptstadt Adıyaman auf den ersten Blick auch wirken mag – ein genaues Hinsehen zeigt deutlich, daß dieser Landstrich eine uralte Kulturlandschaft ist, die ihre Bewohner zwar spärlich, aber sicher ernährt. Reizvolle Gegensätze sind entstanden: Regelmäßig gepflanzte Baumreihen kontrastieren mit den sanften Windungen der Flüsse, die hier noch ungezähmt ihr Bett selbst suchen und bestimmen können. Doch nicht nur die Landschaft macht die Fahrt von Kahta zum Nemrut Dağı so interessant. Eine Reihe antiker Sehenswürdigkeiten bietet Gelegenheit, auf dem langen Weg über unbefestigte Straßen eine Pause einzulegen, wie etwa der Grabhügel *Karakuş Tepe*, die Ruhestätte der kommagenischen Königinnen. Vom steinernen Schmuck der Grabanlage sind noch eine Säule mit einem Adler und eine Stierskulptur erhalten. Wenig später passiert man eine eindrucksvolle *römische Brücke* aus dem 2. Jahrhundert. Ihr Bogen überspannt den Fluß Cendere Suyu, in dem Hirtenbuben ihre Wasserbüffel tränken. Vorbei an der mamelukischen Festung *Yeni Kale* aus dem 13. Jahrhundert und der kommagenischen Hauptstadt *Arsameia* erreicht man das Dorf Eski Kahta, von dem aus die Straße hinauf zum Nemrut Dağı führt. Eine wildromantische Landschaft bietet sich dem Auge dar: Massive Gebirgsketten erstrecken sich mal braun, mal blaugrau in die Unendlichkeit – eine ideale Szenerie für das Grabmal eines Herrschers, der sich als König und Gott verewigen wollte. Monumental wie die Umgebung ist auch die Grabanlage selbst: Im Osten, Norden und Westen des 50 Meter hohen Grabhügels wurden breite Terrassen angelegt, von gigantischen Statuen und Reliefs gesäumt. Für den Kult besonders wichtig muß die *Ost-Terrasse* gewesen sein, auf der ein persischer Feueraltar die aufgehende Sonne begrüßte, hinter ihm kolossale Götterstatuen, von denen heute nur noch die sehr beeindruckenden Köpfe erhalten sind. An seiner Nord- und Südseite war der Platz von Reliefs eingefaßt. Während auf der stark zerstörten Nord-Terrasse keine Monumente erhalten sind, befinden sich auf der *West-Terrasse* noch die gigantischen Statuen des in persische Gewänder gekleideten griechischen Pantheons: Zwischen Apollon, Zeus und Herakles steht auch der zum Gott erhobene Antiochos, erkennbar an der persischen Tiara mit Diadem.

Baumlose Getreidesteppen umgeben den Salzsee Tuz Gölü, der doppelt so groß ist wie der Bodensee (oben). Auf einer Bootsfahrt durch die Sultanssümpfe kann man seltene Vögel wie Falken, Pelikane und Flamingos beobachten (unten).

Die künstlich aufgeschüttete Spitze des Nemrut Dağı – hier von der Ost-Terrasse aus gesehen – birgt das Grab Antiochos I. (unten). Besonders gut sind die Köpfe der gewaltigen Kultfiguren (links Antiochos) auf der West-Terrasse erhalten (rechte Seite).

Seldschuken und «Tanzende Derwische» – Konya

Nicht weit vom großen anatolischen Salzsee, dem Tuz Gölü, umgeben von Vulkanen mit eindrucksvoller Silhouette liegt Konya, das alte Iconium, wie eine grüne Oase in der Steppe. Die Stadt präsentiert sich im wesentlichen modern: vier- bis sechsstöckige Wohnblocks an schnurgeraden, großzügigen Boulevards, ein für türkische Verhältnisse erstaunlich geregelter Verkehr – wenn nicht im Stadtkern hier und da seldschukische Bauten zu sehen wären, würde man die Hochburg der türkischen Fundamentalisten für eine Stadt mit kurzer Vergangenheit halten. Dabei ist sicher, daß hier bereits in vorgeschichtlicher Zeit gesiedelt wurde – nicht weiter erstaunlich, wenn man sich vor Augen hält, daß die älteste städtische Siedlung in Zentralanatolien, Çatal Höyük, nicht weit entfernt liegt. Leider sind die mittelalterlichen Mauern der Stadt nicht mehr erhalten, sie müssen – wie die einst in sie eingefügten Reliefs mit Adler-, Elefanten- und Engelsfiguren in der als Museum genutzten *Ince-Minareli-Moschee* zeigen – einen prächtigen Anblick geboten haben. Die figürlichen Darstellungen stammen aus der Zeit, als die von Persien beeinflußten Seldschuken von Konya aus über Zentralanatolien herrschten. Dies ist auch die Erklärung dafür, daß einer der namhaftesten Dichter der Türkei, Celaleddin Rumi Mevlana (1207–1273), seine noch heute vielgelesenen Werke vorwiegend in Persisch und Arabisch, den beiden Hochsprachen seiner Epoche, verfaßte.

Bis heute kann man den Fluß Cendere Suyu auf einer unter Kaiser Septimius Severus erbauten römischen Brücke überqueren.

Mevlana, wie der aus Balkh in Afghanistan eingewanderte Dichter kurz genannt wird, hat jedoch nicht nur durch seine Dichtung gewirkt: Der von seinem Sohn 1273 gegründete Ordenskonvent der Mevlevi war stets ein Hort der Kultur – Musik und Literatur, aber auch der in Trance versetzende Wirbeltanz, nach dem er «Orden der Tanzenden Derwische» genannt wurde, galten als wichtige Mittel der Verehrung des Göttlichen. So besitzt das

Fortsetzung Seite 138

Wie ein Traum aus Tausendundeiner Nacht erhebt sich der İshak-Paşa-Palast über der weiten Hochebene bei Doğubeyazıt.

Von Salz und Soda

Das «Meer des Ostens» – der Van-See

Am Ufer stehen Frauen im Wasser und waschen – kein ungewöhnlicher Anblick in der Türkei. Allerdings fehlt ihnen ein wichtiges Requisit: Die Frauen benutzen keine Waschseife, denn der Van-See, mit einer Fläche von 3765 Quadratkilometern der größte See der Türkei, ist eine natürliche Waschlauge, angereichert mit Sodiumchlorid und Sodiumkarbonat bis zu einem Anteil von 22,4 Prozent. Ein Wall aus Lava des nahe gelegenen Vulkans Nemrut Dağı ist für diese Eigenart verantwortlich: Er trennte den See von der Ebene von Muş und machte so einen Abfluß unmöglich; daher reichert sich das Wasser täglich mit Salzen an.

Nicht weit vom Berg Ararat, dem armenischen Nationalsymbol, entfernt, zählt auch der Van-See zu den traumatischen Verlusten dieses Volkes. Das ist verständlich, liegt doch eines seiner wichtigsten architektonischen Monumente in dem See: die Klosterkirche *Achtamar* auf der gleichnamigen Insel. Einen reizvollen Kontrast bilden die rötlichen Kirchenmauern zu den grünen Hängen am Ufer, hinter denen sich der schneebedeckte Artos Dağı erhebt. Doch trotz dieses herrlichen Panoramas sollte man die Details nicht übersehen: Das vierschiffige Gebäude ist vor allem für seine feingearbeiteten Ornamentbänder an den Wänden berühmt.

Christopher Kubaseck

Motorboote bringen die Touristen auf die Insel Achtamar (rechte Seite unten), auf der sich die berühmte gleichnamige Klosterkirche befindet (oben). Die Steppen um den Van-See sind von Kurden bewohnt, die als viehzüchtende Halbnomaden oder seßhafte Ackerbauern leben (unten).

In den Sommermonaten lädt der Van-See zu einem erfrischenden Bad ein. Das Schwimmen im seidenweichen und leicht seifigen Wasser ist ein besonderes Erlebnis.

Hart und entbehrungsreich ist das Leben in den endlosen Weiten Ost-Anatoliens. Durch den langen Winter sind viele der höhergelegenen Pässe – hier zwischen Kars und Doğubeyazıt – bis in den Juni hinein mit Schnee bedeckt.

Mevlana-Kloster (Mevlana Tekkesi), das nach dem Verbot des humanistisch geprägten Ordens im Jahr 1925 in ein Museum umgewandelt wurde, eine reiche Sammlung interessanter türkischer Musikinstrumente und kunstvoll illustrierter Handschriften. Beeindruckend ist die tiefe Verehrung, die der als heilig angesehene Dichter bis heute erfährt: Erfurchtsvoll gemurmelte Gebete erfüllen den zentralen Raum unter dem grünen Turm, in dem Mevlana, dessen Werke bereits im 19. Jahrhundert von Friedrich Rückert ins Deutsche übersetzt wurden, in einem prächtigen Marmorsarg neben seinem Sohn Sultan Veled ruht.

Eine Landschaft aus Schnee und Eis: Aus der Vogelperspektive wirkt das Massiv des Ararat mit seinem 5165 Meter hohen Hauptgipfel besonders eindrucksvoll. Der legendenumwobene Vulkan, der vor etwa 1,5 Millionen Jahren entstand, ist noch nicht erloschen.

Der Berg Ararat

Im Alten Testament steht eigentlich nur geschrieben, die Arche Noahs sei «in den Bergen Ararats» gelandet. Womöglich haben diese gar nichts mit dem Ararat-Massiv zu tun, sondern liegen weiter im Süden östlich des Tigris. Das macht aber nichts, im Persischen heißt der Ararat trotzdem «Kuh-e Nuh» («Noahs Berg»), und seit dem Naturforscher Parrot im Jahr 1829 die offizielle Erstbesteigung gelang, sind zahlreiche Expeditionen unternommen worden, um die Arche zu finden. Viele Bergsteiger haben inzwischen behauptet, auf Schiffsteile gestoßen zu sein; was sie aber an Funden vorweisen konnten, hat noch nicht überzeugt. Doch auch ohne biblische Zeugnisse ist der Büyük Ağrı Dağı (wie ihn die Türken nennen), mit 5165 Metern der höchste Berg der Türkei, für Bergsteiger ein Traumziel. Als problematisch erweist sich allerdings die politische Seite: Der Ararat liegt nicht nur im Grenzgebiet, sondern stellt zugleich für die benachbarten Armenier ein nationales Symbol dar. Daher ist für Expeditionen auch eine Sondergenehmigung erforderlich!

Das mit wunderschönen Steinmetzarbeiten geschmückte Portal der *Karatay Medrese* dokumentiert die Bedeutung, die die Seldschuken religiöser und weltlicher Bildung beimaßen. Staunend folgt der Blick den graziösen Windungen der ineinander verflochtenen arabischen Schriftzeichen und der komplizierten Geometrie der steinernen Ornamente, die sie rahmen. Das in dem Gebäude untergebrachte Museum zeigt Höhepunkte seldschukischer Fayence-Kunst: Die streng erscheinende arabische Schrift kontrastiert mit den luftig-leicht wirkenden Mustern der vorwiegend türkis gehaltenen Fayencen in der Kuppel und den Gewölben. Die Hauptattraktion des Museums bilden die Fayencen aus dem am Beyşehir-See gelegenen Palast von Kubadabad.

Hoch über den breiten Boulevards der Stadt erhebt sich der Burghügel, der von der *Alaeddin-Moschee* aus dem Jahr 1221 bekrönt wird. Zum Bau dieser typischen seldschukischen Pfeilerhallenmoschee wurden Teile antiker Gebäude verwendet, wie an den Kapitellen der Säulen zu erkennen ist. Beachtung verdienen das feine Schnitzwerk der Kanzel und die Fayencen der Gebetsnische. In ihrer Grabkammer wurden mehrere seldschukische Herrscher zur letzten Ruhe gebettet. Überwiegend vorgeschichtliche Funde aus Çatal Höyük, aber auch Zeugnisse hethitischer und assyrischer Kultur sowie schöne römische Sarkophage zeigt das *Archäologische Museum* in der Larende Caddesi.

Bis in die fünfziger Jahre hinein war das kappadokische Felsendorf Zelve bewohnt. 1967 wurden die drei Täler, über die sich seine Tuffsteinhöhlen erstrecken, zum Freilichtmuseum erklärt.

Ausflug in die Steppe – der Sultan Hanı

Die Fahrt auf der Straße nach Aksaray führt am Sultan Hanı, einer der besterhaltenen seldschukischen Karawansereien, vorbei. Sie wurde ab 1229 als wichtige Etappenstation zur Sicherung der damaligen Haupthandelsroute errichtet. Ausgedörrt präsentiert sich die anatolische Hochebene – in der von Niederschlägen wenig verwöhnten Region kann nur Getreide angebaut werden. Das Korn wird hier noch mit dem alten Dresch-Schlitten von der Ähre getrennt: Ein mit spitzen Steinen gespicktes Brett, meist durch ein daraufsitzendes Kind beschwert, wird über den Weizen gezogen, der dann im Wind geworfelt wird. Weiß leuchtet die Karawanserei aus der bräunlichen Umgebung hervor. Durch das mit Rankenmustern und Arabesken verzierte Marmorportal gelangt man in den weiten, rechteckigen Hof, in dessen Mitte ein kleiner Gebetsraum, eine «mescit», liegt. Die überkuppelte Innenhalle gegenüber dem Portal diente einst den Lasttieren als Lagerplatz; Schlafräume, Küchen und Bäder für die reisenden Händler waren in den Hallen an den Längsseiten untergebracht.

Von Uçhisar aus lassen sich schöne Wanderungen in die bizarre Wunderwelt Kappadokiens unternehmen, auf denen man zahlreiche Eremitagen, Kirchen und Klosterdörfer entdecken kann.

Eremiten und «Feenkamine»

Kappadokiens Höhlenkirchen

Die meisten Höhlenkirchen aus dem 10. bis 13. Jahrhundert, wie etwa die berühmte Karanlık-Kirche (oben), sind im Freilichtmuseum von Göreme zu besichtigen. Auch der sogenannte Nonnenfelsen birgt zwei Kapellen (rechts).

Faszinierend ist eine Wanderung durch das enge Tal von Uçhisar nach Göreme, das von weißen Tuffsteinkegeln eingerahmt wird. Jahrhundertelang war diese Region Rückzugsgebiet verfolgter Christen: Nicht nur die Römer, auch später die Byzantiner, Perser, Araber und Türken machten den Christen Kappadokiens und den zahlreichen Mönchskolonien, die sich hier angesiedelt hatten, das Leben schwer. Um sich vor Repressalien zu schützen, zogen sich die Bedrängten in äußerlich nicht sichtbare Kirchen und Städte zurück. Der weiche Tuffstein, der sich sogar mit dem Fingernagel ritzen läßt, bot sich als Baumaterial geradezu an: Man konnte die Gebäude in den Felsen hineinschlagen. In den unterirdischen Städten *Derinkuyu*, *Kaymaklı*, *Özkonak* und *Çardak*, die bis zu zehn Stockwerke tief unter die Erde reichen, sind heute noch Küchen, Bäckereien, Schulen, Versammlungs- und Lagerräume zu sehen. Ein Luftschachtsytem versorgte das Labyrinth mit dem notwendigen Sauerstoff, riesige Rollsteine verschlossen die Eingänge, wenn Feinde nahten.

Weit weniger gigantisch, doch mit kunstvollen Fresken geschmückt sind die Höhlenkirchen im *Freilichtmuseum von Göreme*. Das Tal der «Feenkamine», wie die Türken die grauweißen Tuffsteinkegel benannt haben, versammelt die schönsten Sakralbauten der Gegend auf engstem Raum; sie stammen vorwiegend aus dem späten 9. und frühen 10. Jahrhundert. Vor allem Kreuzkuppelkirchen sind in Form einer «negativen Architektur» in den Felsen geschlagen. Die eindrucksvollsten Fresken finden sich in der Karanlık-, Tokalı- und Yılanlı-Kirche. Kunst- und religionsgeschichtlich interessant sind die Stellen, an denen die Wandmalereien Beschädigungen aufweisen, denn unter den späteren Fresken eines bilderfreundlichen Zeitalters treten hier die naiv-geometrischen Zeichnungen der Zeit des Ikonoklasmus hervor – von 754 bis 842 waren bildliche Darstellungen religiöser Themen in Byzanz verboten.

Christopher Kubaseck

Die Eingänge der Großen Taubenschlagkirche in Çavuşin sind über Treppen erreichbar (oben und unten). Geometrische Muster haben sich in der Basileos-Kapelle im Göreme-Tal erhalten (links).

Im guterhaltenen Theater des antiken Olba (Diocaesarea) nördlich von Silifke finden vielbesuchte Aufführungen statt.

Planen, Reisen, Genießen

An der Südküste gedeihen urwüchsige Zedern.

Größe/Lage/Naturraum

Mit einer Fläche von 780 576 Quadratkilometern gehört die Türkei zu den kleineren Ländern Asiens – sie ist aber dreieinhalb mal so groß wie die Bundesrepublik Deutschland vor der Wiedervereinigung.
Die Türkei, die sich als Halbinsel zwischen dem Schwarzen Meer, der Ägäis und dem östlichen Mittelmeer ausdehnt, ist mit insgesamt 8372 Kilometern Küstenlänge ein Paradies für Badeurlauber. Das Zentrum des Landes bildet die Zentralanatolische Hochebene (durchschnittlich 1000 Meter über NN gelegen), im Norden begrenzt vom Pontischen Gebirge, im Süden vom Taurus. Mittelgebirge prägen den Charakter des ägäischen Hinterlands, während der Osten in ein Hochgebirge übergeht. Höchster Berg des Landes ist daher auch der im Osten gelegene 5165 Meter hohe Ararat.
Trotz des vorherrschend semiariden Klimas weist die Türkei eine beachtliche Zahl von Gewässern auf: Unter den 29 Flüssen mit mehr als 200 Kilometern Länge sind Kızılırmak (1182 km), Sakarya (824 km) und Yeşilırmak (468 km) die größten Schwarzmeerzubringer, Gediz Nehri (350 km) und Büyük Menderes (495 km) münden in die Ägäis, während Euphrat

Palmen prägen das Bild der Orte am Mittelmeer.

(türkischer Teil 1263 km) und Tigris (türkischer Abschnitt 523 km) zum Persischen Golf fließen.
45 der türkischen Seen nehmen eine Fläche von mehr als 10 Quadratkilometern ein; zu den bedeutendsten zählen der Van Gölü (373,8 ha) und der Tuz Gölü (139,7 ha) sowie die Seen Manyas Kuş Gölü, Uluabat Gölü, İznik Gölü und Sapanca Gölü. Touristisch besonders reizvoll ist die Seenplatte im Nationalpark Yedigöller bei Bolu im Schwarzmeergebiet und die isaurisch-pisidische Seenplatte in der Umgebung Eğridirs und Beyşehirs.

Zahlreiche Vögel nutzen im Herbst die Sultanssümpfe südlich von Kayseri als Rast- und Nistplatz.

Flora und Fauna

In der zentralanatolischen Hochebene bestimmt Steppenvegetation das Landschaftsbild. Dazu tragen das von extremen sommerlichen und winterlichen Temperaturunterschieden und geringen Niederschlägen geprägte Klima bei, aber auch die kontinuierliche

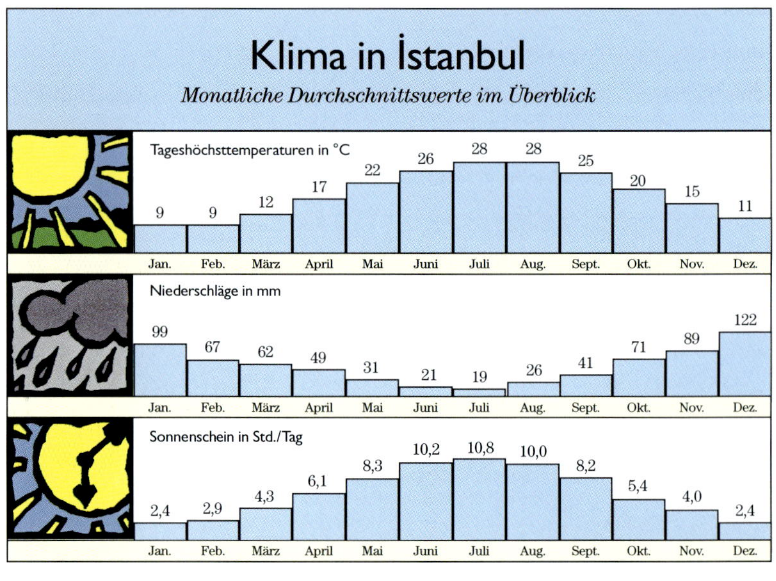

Auch Frauen sind schwere Arbeit gewohnt.

Überweidung durch Schafe und vor allem Ziegen, die einen Baumwuchs verhindern. Dies führt zu einer erheblichen Erosionsgefährdung, die ihrerseits die ursprünglich reiche Artenvielfalt zu reduzieren droht. Im Westen und Süden herrscht mediterrane Vegetation mit typischer Macchia und duftenden Kräutern vor; die interessanteste Subregion ist dort die Halbinsel Reşadiye, die aufgrund erdgeschichtlicher Entwicklungen Arten aufweist, die sonst nur auf der Insel Zypern vorkommen. Besonders artenreich sind auch die unberührten Urwälder des östlichen Schwarzmeergebiets; neben Laubwald mit Platanen, Ulmen, Linden, Ahorn und Buche gibt es dort auch dichte Nadelwälder.
Die Fauna präsentiert sich ebenfalls sehr vielfältig: In den Wäldern leben Wildschweine, Rehe, Rotwild, Wildschafe und Gemsen, zudem bietet die Türkei auch heute noch Rückzugsgebiete für Wölfe, Füchse, Braunbären und vereinzelt sogar für Leoparden. Doch vor allem Vogelliebhaber kommen hier auf ihre Kosten – die Landbrücke zwischen Europa, Asien und Afrika beherbergt nicht nur einheimische Arten, sondern dient auch als Rast-, Futter- und Nistplatz für zahlreiche Zugvögel.

Bevölkerung

Im Jahr 1997 betrug die Einwohnerzahl der Türkei 62,5 Millionen. Das Land besaß damit eine durchschnittliche Bevölkerungsdichte von ungefähr 80 Einwohnern pro Quadratkilometer. Doch der Ein-

Nicht überall tragen die Frauen ein Kopftuch.

druck eines recht dünn besiedelten Landes täuscht in gewisser Hinsicht: Da ein Großteil der Türkei von Gebirgsregionen bestimmt wird, das heißt fast 80 Prozent des Landes weisen eine hohe Steigung auf, konzentriert sich die Bevölkerung vorwiegend in den Ebenen. Zudem hat die seit den fünfziger Jahren stetig zunehmende Landflucht zu einem erheblichen Anstieg der städtischen Bevölkerung geführt. So lebt heute mehr als die Hälfte der Einwohner in Städten, und in İstanbul konzentriert sich gar nahezu ein Viertel der Bevölkerung des Landes. Im europäischen Vergleich ist die Türkei ein überdurchschnittlich junges Land: Fast die Hälfte der Bevölkerung ist jünger als 21 Jahre – verständlich bei einem realen Bevölkerungszuwachs von jährlich 2,1 Prozent. Verwirrend ist der hohe Anteil an ethnischen Minderheiten: Neben der größten und bekanntesten Gruppe der Kurden leben Tataren, Bosnier und andere aus den verlorenen Provinzen des Osmanischen Reiches eingewanderte Gruppen und eine fast unübersehbare Zahl von Vertretern muslimischer Kaukasusvölker im Land.

Sprache

Der hohe Prozentsatz an ethnischen Minderheiten hat zur Folge, daß im Land viele verschiedene Muttersprachen existieren – noch heute kann man in bestimmten Vierteln İstanbuls das Judeospanische der sephardischen Juden, Griechisch oder Armenisch hören. Doch hat sich selbst in überwiegend nicht-türkisch besiedelten Regionen Türkisch als Verkehrssprache vollständig durchgesetzt. Für Europäer ist Türkisch zwar schwer zu lernen – doch sollte

Bis heute ist die Türkei eine Männergesellschaft.

man die Mühe nicht scheuen, sich wenigstens ein paar Wörter einzuprägen: Die ohnehin sehr gastfreundliche Bevölkerung honoriert dieses Bemühen schon beim geringsten Versuch.

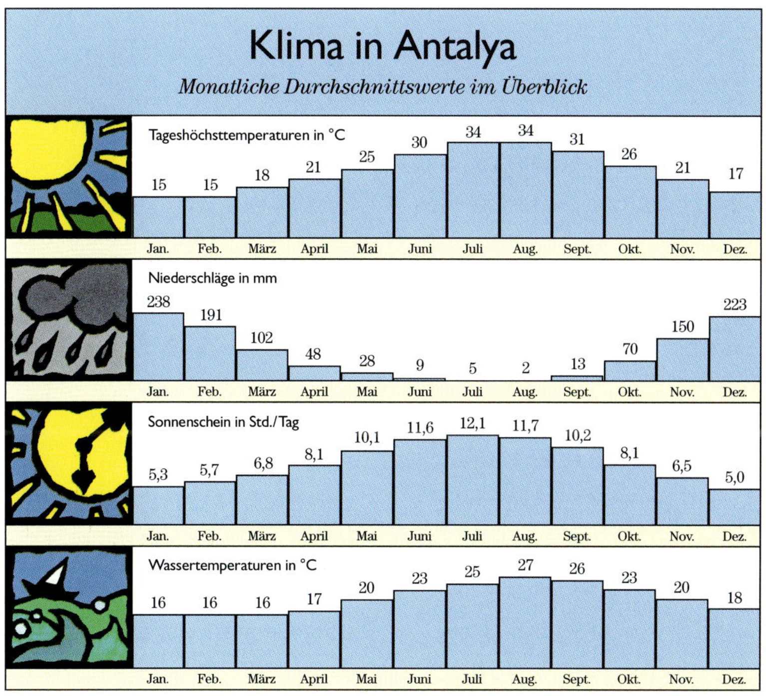

Zu einem Fest gehört auch der Bauchtanz.

Klima / Reisezeit

Wer eine Kulturreise durch die Türkei plant, sollte am besten im Frühsommer oder im frühen Herbst bis Mitte Oktober seine Koffer packen – das strahlende Weiß antiker Marmorsäulen inmitten bunter Blütenteppiche ist gerade im Frühsommer ein unvergeßliches Erlebnis. Badeurlauber bevorzugen sicherlich den Hochsommer, doch sind in Zeiten des Ozonlochs die Herbstmonate unter Umständen empfehlenswerter. Außerdem gibt das im Sommer erhitzte Meer seine Wärme nur sehr langsam wieder an die Umgebung ab – an der Südküste kann man daher bis Anfang November noch mit angenehmen Wassertemperaturen rechnen. İstanbul und das Marmaragebiet indessen sollte man aufgrund der starken Regenfälle von Oktober bis Mai besser meiden. Auch einige Wintersportler haben die Türkei inzwischen als Revier für sich entdeckt: So läßt sich zum Beispiel das Skifahren auf dem Ulu Dağ bei Bursa oder auf dem Erciyes Dağı bei Kayseri mit Abstechern ins frühlingshafte Klima der Südküste mit ihren Bananen- und Zitrusfruchtplantagen verbinden.

Zeit

Bei der Einreise in die Türkei ist die Uhr um eine Stunde vorzustellen. Sommerzeit und Winterzeit müssen nicht berücksichtigt werden, da sich die Türkei nach europäischem Vorbild richtet.

Feste / Feiertage

Neben den nationalen Feiertagen gelten für öffentliche Einrichtungen auch zwei religiöse Feiertagsperioden als Urlaubstage: Mit dem

Ein Wahrzeichen von İzmir: der Uhrturm.

dreitägigen Zuckerfest, türkisch «Şeker Bayramı», wird das Ende des Fastenmonats Ramadan gefeiert. Über drei Tage erstreckt sich das Opferfest «Kurban Bayramı», das auf eine biblische Begebenheit zurückgeht: In Erinnerung an das Abrahamsopfer wird ein Tier geschlachtet und das Fleisch mit den Armen geteilt. Diese Feiertage richten sich nach dem islamischen Mondkalender, der nur 354 Tage hat, und fallen daher jedes Jahr auf ein anderes Datum.
Einfacher zu merken sind die nationalen Feiertage:
1. Januar: Neujahrstag
23. April: Tag der Nationalen Unabhängigkeit und Fest der Kinder
19. Mai: Atatürk-Gedenktag; Tag der Jugend und des Sports
30. August: Tag des Sieges
29. Oktober: Tag der Republik

Maße und Gewichte

Es gilt das metrische System.

Anreise

Die Anreise mit dem Auto ist aufgrund des langen Weges nicht zu empfehlen. Erholsamer, wenn auch wesentlich teurer, ist die Fahrt mit den Autofähren der «Turkish Maritime Lines» von Venedig durch den Isthmus von Korinth nach İzmir. Auskunft in den Reisebüros oder bei: RECA-Handels-GmbH und Reiseagentur, Neckarstr. 37, 71065 Sindelfingen. Eine interessante, wenn auch zeitintensive Alternative ist die Bahnfahrt München–İstanbul. Sie dauert mindestens 42 Stunden, doch Schlafwagen sorgen für Komfort. Am bequemsten und zeitsparendsten erreicht man die Türkei mit dem Flugzeug. Neben Lufthansa, SwissAir, AUA und Turkish Airlines die täglich Flughäfen wie Ankara, İstanbul, İzmir, Antalya und Dalaman anfliegen, gibt es zahlreiche, teils sehr günstige Charterflugmöglichkeiten in die Türkei.

Ärztliche Versorgung im Land

Als Mitglied einer Krankenkasse kann man sich von Ärzten und Krankenhäusern der türkischen

Unbestrittener Höhepunkt eines İstanbulaufenthalts ist ein Besuch der Hagia Sophia.

Sozialversicherung («Sosyal Sigortalar Kurumu», abgekürzt: SSK) mit Auslandskrankenschein kostenlos behandeln lassen. Bei diesen staatlichen Stellen muß man allerdings extrem lange Wartezeiten in Kauf nehmen. Man sollte daher lieber Privatärzte oder Privatkliniken aufsuchen, den

Im Herzen der Metropole

Der schönste Rundgang durch İstanbul

Der Ratssaal (Kubbe Altı) im Topkapı-Palast.

Der Spaziergang durch Alt-İstanbul beginnt am Sultan-Ahmet-Park, der nicht nur bei Touristen, sondern auch bei Einheimischen

äußerst beliebt ist: Frauen und Kinder, Rentner und Jugendliche machen hier abseits des rasenden Verkehrs der Mega-Metropole gerne eine Pause. Gleich nebenan stehen Bänke, auf denen abends zahlreiche Kulturinteressierte die «sound and light show» verfolgen, die unter den angestrahlten Minaretten der Blauen Moschee die Geschichte der Stadt impressionistisch umreißt.

Nur ein Katzensprung ist es von hier zur byzantinischen Zisterne, türkisch Yerebatan Sarayı, Versunkener Palast, genannt. Ganz in der Nähe steht der Deutsche Brunnen, ein Präsent Kaiser Wilhelms II. an Sultan Abdülhamid II. und ein Zeichen deutsch-türkischer Waffenbrüderschaft. Zeugen älterer und ältester Geschichte schmükken wenige Schritte weiter das Hippodrom. Der einst von Tribünen umgebene Platz entstand zur Zeit Konstantins I. (324–337). Glanzvolle Wettkämpfe sah er unter byzantinischer Herrschaft, Militärparaden und Feste unter den Osmanen. Bis heute ziert ihn der Theodosius-Obelisk, eine unter Pharao Thutmosis III. im 15. Jahrhundert v. Chr. in Theben hergestellte Siegessäule. Die bronzene Schlangensäule, die aus dem Apollon-Heiligtum in Delphi stammt, hat ihre drei Köpfe ver-

Zeit für einen Plausch findet sich immer.

loren, einer von ihnen ist noch im Archäologischen Museum İstanbuls zu bewundern. Den Gemauerten Obelisken ließ der

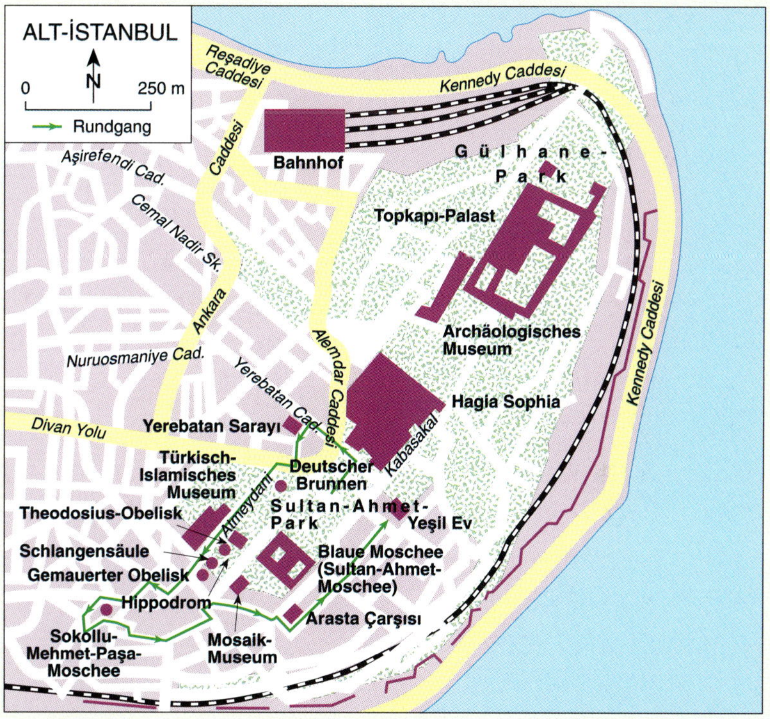

byzantinische Kaiser Konstantin VII. (913–959) errichten. Die umfangreichen Sammlungen des nahe gelegenen Türkisch-Islamischen Museums gewähren unter anderem interessante Einblicke in die Volkskultur.

Südwestlich des Hippodroms erhebt sich die Sokollu-Mehmet-Paşa-Moschee aus den Jahren 1571/72, ein Meisterwerk des berühmten Architekten Sinan.

Ihre Fayencen stammen aus der Blütezeit der Werkstätten in İznik. Weiter führt der Spaziergang zum ehemaligen Stiftungsbasar der Blauen Moschee, Arasta Çarşısı: In seinen kleinen Werkstätten darf man bei der Herstellung der zum Verkauf angebotenen Kupferwaren, Kalligraphien und Fayencen zusehen.

Wer nun eine Stärkung nötig hat, kann sich im Garten des Yeşil Ev, eines geschmackvoll restaurierten alten osmanischen Holzhauses, bei Gebäck und Tee erholen.

Christopher Kubaseck

Betrag vorstrecken und sich die Kosten anschließend zu Hause ersetzen lassen. Die Krankenkasse übernimmt sie bis zur Höhe der üblichen Behandlungskosten in Deutschland. Apotheken gibt es in allen Orten der Türkei, sie tragen die Aufschrift «eczane». Vorsicht ist allerdings bei Medikamenten geboten, auch wenn sie vom Arzt verordnet sein sollten – man verabreicht in der Türkei Antibiotika so schnell wie andernorts Aspirin, und es sind viele Medikamente im Handel, die in Mitteleuropa wegen ihrer Nebenwirkungen längst aus dem Verkehr gezogen wurden.

In Anatolien, wie hier in Konya, dient die Pferdekutsche oft noch als Tranportmittel (links). – Bis 1922 lebten in Ayvalık keine Muslime, sondern nur Christen (rechts).

Auskunft

Ausführliche Auskunft zur Reiseplanung erteilen die türkischen Informationsbüros in folgenden Städten:

In Deutschland:
Informationsabteilung des türkischen Generalkonsulats
Baseler Straße 37,
60329 Frankfurt am Main,
Tel. 069/23 30 81
Karlsplatz 3
80335 München,
Tel. 089/59 43 17

Blick auf die Blaue Moschee in İstanbul.

Zentrum des Handels in Kayseri ist der Basar.

In Österreich:
Singer Straße 2,
1010 Wien,
Tel. 01/512 21-28/29
In der Schweiz:
Talstraße 74, 8001 Zürich,
Tel. 01/221 08-10/11/12

Banken

Banken, staatliche wie private, sind grundsätzlich montags bis freitags von 9 bis 17.30 Uhr geöffnet, teilweise haben sie Mittagspause von 12 bis 13.30 Uhr. Es empfiehlt sich, auch Bargeld mit auf die Reise zu nehmen, denn beim Einlösen von Eurochecks und Travellerschecks kann es unter Umständen Probleme geben, da diese nicht von jeder Filiale akzeptiert werden. Wer Geld wechseln möchte, sollte eine Devisenstube («dövizci») aufsuchen, da hier der Wechselkurs wesentlich günstiger als bei den Banken ist.

Ein- und Ausreise

Besucher aus Deutschland, Österreich und der Schweiz benötigen kein Visum, sofern der Aufenthalt drei Monate nicht überschreitet. Wichtig ist der Datumsstempel der Einreise; hat man statt des

Unterwegs zu den südöstlich von İstanbul gelegenen Prinzeninseln (links). – Von Kaş bieten sich traumhafte Ausblicke aufs Meer (rechts).

Reisepasses einen Personalausweis dabei, wird das Einreisedatum auf einen Zettel gestempelt, den man zur Ausreise vorzeigen muß.

Fortbewegung im Land

Auto: Mietwagenfirmen gibt es in allen größeren Städten und vor allem in touristisch gut erschlossenen Gebieten. Informationen erteilen die Fremdenverkehrsämter. Es ist allerdings recht teuer, sich in der Türkei einen Wagen zu leihen. Günstiger ist es, einen Mietwagen zu Hause im Reisebüro gleich mitzubuchen.

Bahn: Die Türkei besitzt kein gutes Zugverbindungsnetz, und moderne, komfortable Züge verkehren eigentlich nur auf der Strecke İstanbul–Ankara.

Zu den Ausstellungsobjekten im Museum von Side gehören auch kunstvolle Sarkophage.

Bus: Mit dem Bus kann man das Land hervorragend bereisen. Stündlich gibt es in allen mittelgroßen Städten Anschlüsse zu jeder anderen Stadt. So gehört das Wort Busbahnhof, «otogar», zu den wichtigsten Vokabeln der Touristen.

«Dolmuş»: Das türkische Sammeltaxi, das auch die Form eines Minibusses haben kann, ist neben dem Stadtbus das wichtigste und günstigste innerstädtische Verkehrsmittel.

Taxi: Wie in vielen anderen Ländern sind die Taxis auch in der Türkei an der gelben Farbe der Karosserie zu erkennen. Da eine Taxifahrt relativ preisgünstig ist, lohnt es sich, das bequeme Transportmittel zu wählen.

Museen

Die Türkei hat – kein Wunder bei ihrer Geschichte – eine Vielzahl an Museen vorzuweisen. Nicht alle sind didaktisch und ästhetisch auf dem neuesten Stand, doch sind die Exponate immer sehenswert. Die Museen sind in der Regel täglich außer montags von 8.30 bis 12.30 Uhr und von 13.30 bis 17 Uhr geöffnet. Eine Ausnahme bilden die Museen İstanbuls: Hier sind die Ruhetage auf unterschiedliche Wochentage verteilt. Um nicht vor verschlossenen Türen zu stehen, sollte man sich in İstanbul vorab nach den genauen Öffnungszeiten erkundigen.

Post

Wer ein Postamt sucht, sollte nach der Aufschrift «PTT» Ausschau halten. Briefe kann man gut von hier aus abschicken, aber zum

Die Türkei entdecken

Die interessantesten Routen

Wer gerne ausgedehnte Überlandfahrten unternimmt, Weite und Ursprünglichkeit liebt, findet rund ums Mittelmeer kaum ein besseres Reiseland als die Türkei. Die Straßen sind vor allem im Westen und Süden gut ausgebaut. Die Entfernungsangaben beziehen sich auf den jeweiligen Startort.

Route I: Von İstanbul rund ums Maramarameer
Aus der Zwölf-Millionen-Metropole und ihren ausufernden Randbebauungen fährt man westlich hinaus und kann schon auf der Nebenstraße von Barbaros nach Şarköy urtümliche Hirtenlandschaft erleben, dann wieder von den Steilküsten großartige Ausblicke auf das Marmarameer. Vom Fährort Eceabat (310 km) lohnt ein Abstecher in den Geschichts- und Nationalpark Gelibolu, mit Erinnerungen an die Dardanellenschlacht 1915/16. Von Çanakkale aus bietet sich ein weiterer Abstecher zur Biga-Halbinsel und zu den Ausgrabungen des homerischen Troja an. Nach dem Besuch im Vogelparadies des Kuşcenneti-Nationalparks südlich von Bandırma (480 km) ist Bursa, eine der schönsten Städte der Türkei, das Hauptziel der Südumrundung des Marmarameers (590 km). Zurück nach İstanbul gelangt man mit der Fähre von Yalova (660 km). Man kann aber auch noch einen 100 Kilometer langen Umweg über das historisch interessante İznik machen, das reizvoll inmitten von Olivenhainen am gleichnamigen See liegt.

In der Nähe von Antalya liegt die Ruinenstätte von Perge, in römischer Zeit eine bedeutende Stadt.

Panoramablick vom terrassenartig angelegten vierten Hof des Topkapı-Palasts in İstanbul.

Route 2: Tempel und Theater an der Westküste
Die 700 Kilometer lange türkische Ägäisküste, die sich von Çanakkale bis nach Knidos erstreckt, bietet eine Kette landschaftlicher und archäologischer Höhepunkte, in dichtester Folge zwischen İzmir, der drittgrößten Stadt der Türkei, und der waldgrünen Halbinsel von Datça. Man sollte sich Zeit für küstennahe Nebenstraßen nehmen, von İzmir zum Badeort Gümüldür (50 km) und weiter nach Kuşadası (110 km), mit den antiken Stätten von Ephesus, Priene, Milet und Didyma im Umkreis, dazu noch Herakleia am Bafa-See. Bodrum (250 km) mit seiner Halbinsel, die langgestreckte Gökova-Bucht und Marmaris (420 km) sind schöne Badeorte mit Yachthäfen, Surfschulen und Kreuzfahrerburgen. Von Marmaris erreicht man über die Halbinsel von Datça das antike Knidos (530 km). Wenn man zurück nach İzmir (statt weiter zum Flughafen Dalaman oder nach Antalya) fahren will, empfiehlt sich der Umweg von Muğla zu den faszinierenden Ausgrabungen von Aphrodisias südlich von Nazilli und zu den Sinterterrassen von Pamukkale bei Denizli (Muğla-İzmir direkt 210 km, über Denizli 150 km mehr).

Route 3: Strände, Gebirge und Burgen an der Südküste
Die «türkische Riviera» zwischen Fethiye und Alanya erreicht man leicht vom Flughafen Dalaman aus. Von Fethiye (55 km) mit seinem inselreichen Golf und dem berühmten Strand Ölü Deniz führt als Alternative zur kurvenreichen alten Gebirgsroute eine neue Straße über Eşen und das antike Xanthos (Kınık) zu den Badeorten

Kalkan und Kaş (180 km). Unterwegs zum Urlaubszentrum Kemer (310 km) locken Küstengebirge, antike Stätten, Inseln und Strände seitwärts der Hauptstrecke. Im Olympos-Nationalpark erreichen die Gipfel der Taurusberge Höhen von 3000 Metern, zu ihren Füßen glänzt die Stadt Antalya (380 km) mit ihrer historischen Altstadt, Yachthäfen, Museen und Parks.

Relief im Felsheiligtum Yazılıkaya.

Weiter nach Osten, nach Side (460 km) hin werden die langen Strände noch länger. Nicht allein archäologische Attraktionen wie Perge, Termessos, Aspendos und Side, auch Flüsse, Wasserfälle und der Köprülü-Canyon in bizarrer Felslandschaft sind zu entdecken. Letztes Ziel östlich von Side ist Alanya (520 km), mit seldschukischen Bauten am mächtigen Burgberg. Von Antalya aus kann man zurückfliegen (660 km).

Route 4: Große Rundreise durch Zentralanatolien

Ankara, uralt und erst seit 1923 Hauptstadt der Türkei, besitzt das bedeutendste archäologische Museum des Landes, das Museum für Anatolische Kulturen. Zweieinhalb Autostunden östlich konnten die imposanten Ruinen von Hattuşa (Boğazkale, 200 km), der Hauptstadt der Hethiter, freigelegt werden. Noch weiter östlich kann man in den alten Städten Amasya (390 km), Sivas (610 km) und weiter südlich in Kayseri (810 km) Kostbarkeiten seldschukischer und osmanischer Moscheebaukunst bewundern. In der bizarren Erosionslandschaft Kappadokiens um Ürgüp und Göreme (880 km) braucht man Tage, um nur die wichtigsten Höhlenkirchen, die unterirdischen Städte, die Tuffsteintürme und Talschluchten zu erkunden. Zum Kontrasterlebnis wird die Großstadt Konya (1200 km), das Zentrum seldschukischer Reliefkunst und des Mevlana-Ordens. Westlich vom großen Salzsee Tuz Gölü, der doppelt so groß wie der Bodensee ist, geht es dann über Hochebenen nach Ankara zurück (1460 km).

Wolkenverhangen präsentiert sich der geheimnisumwitterte Ararat, der höchste Berg der Türkei.

Michael Neumann-Adrian

Telefonieren und Faxen empfiehlt sich der Gang zum wesentlich flexibleren privaten Anbieter, den privaten Telefon- und Faxbüros, die an dem Schild «Kontörlü Telefon» zu erkennen sind.

Souvenirs

Zu den beliebtesten Mitbringseln aus der Türkei zählen nach wie vor die vielfältigen Produkte des Kunsthandwerks: Von Teppichen

Der Ägyptische Basar ist neben dem Gedeckten Basar der wichtigste Markt von Alt-İstanbul.

und flachgewebten Kelims reicht die Spanne über Kupferwaren, Töpferwaren und in traditionellen Mustern glasiertem Steingut bis hin zum feinziselierten Silberschmuck der syrisch-christlichen Minderheit. Doch sollte man darüber weder Leder- noch Textilkleidung vergessen, deren Preis immer noch weit unter dem westeuropäischen liegt. Seit einigen Jahren sind antike Möbel groß in Mode gekommen: Vor allem in den Stadtteilen Horhor und Çukurcuma in İstanbul kann der Liebhaber edle Stücke finden. Doch Vorsicht: Zu alt sollte das Exemplar nicht sein, nur Objekte, die nach 1861 hergestellt wurden, dürfen nach türkischem Gesetz ausgeführt werden. Ältere Stücke darf der passionierte Sammler nur innerhalb der Landesgrenzen besitzen.

Sport

Maritime Wassersportarten wie Tauchen, Segeln, Surfen und Wasserskifahren sind seit je das Aushängeschild des küstenreichen Landes. Doch während des letzten Jahrzehnts wurde das Sportangebot erheblich vergrößert: Von Rafting, Trekking, Mountain-Bike-Touren, Reiten, Skifahren und Hochgebirgswanderungen bis hin zu erlebnisreichen Ballonfahrten über der traumhaften Landschaft Kappadokiens mit ihren beeindruckenden «Feenkaminen» steht mittlerweile fast jede Sportart zur Auswahl. Auskünfte über Buchungsmöglichkeiten erteilen die türkischen Touristeninformationen und zahlreiche Reisebüros.

Dank des mediterranen Klimas an der «türkischen Riviera» können Wasserratten oft sogar noch Anfang November im kristallklaren Wasser baden und tauchen.

Auf einem Plateau über dem Lykos-Tal, oberhalb der berühmten Kalksinterterrassen von Pamukkale, liegt die antike Stadt Hierapolis.

Trinkgeld

Das türkisch «bahşiş» genannte kleine Dankeschön an dienstbare Geister wird hier ebenso gerne gesehen wie in anderen Ländern. Der Betrag sollte ungefähr zehn Prozent des Dienstleistungs- oder Rechnungswerts, nie aber weniger als umgerechnet eine Mark ausmachen, denn sonst gerät die Geste auch im Billiglohnland Türkei an den Rand des Lächerlichen.

Währung

Die galoppierende Inflation bereitet der Bevölkerung Existenzangst – dem Touristen beschert sie das Erlebnis, einmal mit Millionen um sich werfen zu können, denn der 5-Millionen-Schein war 1997 weniger wert als der deutsche 50-Mark-Schein. Neben dieser größten Banknote existieren die Einheiten 1 Million, 500 000, 250 000, 100 000 und 50 000 Türkische Lira als Scheine, 50 000, 25 000, 10 000 und 5000 als Münzen. Von einem Äquivalent zum Pfennig ist man angesichts dieser stolzen Beträge schon lange abgekommen.

Zoll

Einführen darf man in die Türkei 200 Zigaretten oder wahlweise 50 Zigarren, 200 Gramm Tabak nebst Papier, 200 Gramm Pfeifentabak oder 50 Gramm Schnupftabak. Gleicherart sind anderthalb Kilogramm Kaffee, Pulverkaffee oder Tee zollfrei. Fünf Liter alkoholischer Getränke oder 0,6 Liter Parfüm dürfen ebenfalls mit über die Grenze. Schmuck und andere Wertgegenstände sollte man sich sicherheitshalber in den Paß eintragen lassen, ebenso wie das Auto, wenn man mit einem einreist. Bei der Ausreise werden die Vermerke wieder getilgt. Die Ausfuhrerlaubnis alter Teppiche oder von Antiquitäten (auch altem Schmuck!) sollte man sich auf alle Fälle beim zuständigen Museumsdirektor schriftlich bestätigen lassen – wer historisches Kulturgut unerlaubt ausführt, hat mit drakonischen Strafen zu rechnen!

Touristenattraktion in Bodrum: Wer möchte, kann auf dem schaukelnden Rücken eines Kamels einen Strandausflug unternehmen.

Eine Stadt in der Stadt: der prächtige Topkapı-Palast in İstanbul (unten links). – Wohnen wie einst der Sultan: das Hotel «Çırağan Palace» in İstanbul (unten rechts).

Unterkunft

Die Türkei bietet in den großen Städten und touristisch erschlossenen Regionen ein breitgefächertes Übernachtungsangebot, von Pensionen und einfachen Unterkünften bis hin zu luxuriösen Hotels. Wer exotisches Ambiente bevorzugt, ist in den restaurierten Karawansereien gut untergebracht. Plant man eine Reise durch das Landesinnere, sollte man sich ein Zimmer in einem Hotel suchen, das mindestens zwei Sterne besitzt, denn nur hier ist für Frauen mit Sicherheit ungestörtes Wohlbefinden garantiert.

Menschen, Orte, Begriffe

Kursive Seitenzahlen verweisen auf Abbildungen, farbige Quadrate und fett gedruckte Seitenzahlen auf Specials, farbige Balken auf Spotlights.

Menschen

Feldarbeit bei Bergama.

Kachelschmuck an der Konak-Moschee in İzmir (oben). – Markt in Amasra (unten).

Orte und Begriffe

Das Atatürk-Mausoleum in Ankara.

Blick über die Bucht von Antalya und auf das Taurusgebirge.

Das ehemalige Fischerdorf Side ist heute ein vielbesuchter Ferienort.

Klosterruine am Bafa-See.

Auf der Insel Büyük Ada.

Der Topkapı-Palast in İstanbul, bis 1855 die Residenz der Sultane.

Olivenernte bei Ayvalık. Zusammen mit dem Tourismus ist die Produktion von Olivenöl die wichtigste Einnahmequelle der Bewohner des ägäischen Hafenstädtchens.

Text- und Bildnachweis Impressum

Der Fotograf:
Frank Tophoven ist seit einigen Jahren als freier Reisefotograf tätig. Freie Mitarbeit bei Tageszeitungen und Zeitschriften. Zu seinen Arbeitsschwerpunkten gehören die Länder Asiens. Lebt in Solingen.

Die Autoren:
Christopher Kubaseck studierte Turkologie und Ethnologie in Frankfurt am Main und İstanbul. Er verfaßte zahlreiche Zeitungs- und Zeitschriftenartikel sowie Radiobeiträge und ist Koautor eines Reiseführers über die Türkei. Lebt seit 1996 in Eskişehir (Anatolien).

Christoph K. Neumann, promovierter Turkologe, studierte in München und İzmir. Lehrtätigkeit in İstanbul und Prag. Zahlreiche Veröffentlichungen zur osmanischen Geschichte und zur heutigen Türkei. Lebt in Prag.

Einbandfotos:
Vorderseite: Markttag in Aydın (links), der Strand Ölü Deniz (rechts).
Rückseite: Der İshak-Paşa-Palast bei Doğubeyazıt.

S. 1: Kutscher in Bergama,
S. 3: Detail im Grünen Mausoleum von Bursa (links), im İstanbuler Stadtteil Beyoğlu (rechts).

Textnachweis

Das Kapitel S. 12 ff., die Specials auf S. 24 f. und 48 f. sowie die Spotlights auf S. 32 und 139 schrieb Christoph K. Neumann, Prag.

Das Special S. 152 f. stammt von Michael Neumann-Adrian, der als freier Autor am Starnberger See lebt und bereits zahlreiche Bücher über die Türkei verfaßt hat.

Alle anderen Texte schrieb Christopher Kubaseck, Eskişehir.

Das Zitat auf S. 10 stammt von Nazım Hikmet: Leben! Einzeln und frei wie ein Baum und brüderlich wie ein Wald. Gedichte. Aus dem Türkischen von Ümit Güney. Hamburg, Buntbuch Verlag 1983.

Bildnachweis

Archiv für Kunst und Geschichte, Berlin: S. 24 u. M. und u. r.
Reinhard Balzerek, Schwerin: S. 117 u., 122 l., 148 o.
Bildarchiv Preußischer Kulturbesitz, Berlin: S. 24 u. l.
Henning Christoph/Das Fotoarchiv., Essen: S. 38 u.
Corbis-Bettmann, New York: S. 25 u. l. und u. r.
Rainer Hackenberg, Köln: S. 5 u., 10 u., 14/15, 19 o., 28 u., 29 u., 34 (2), 35 (3), 36, 38 o., 38/39, 39 (2), 42 o., 44 o., 45 u., 48/49, 63 u. l., 78 u., 89 l., 113 o., 128 u., 154/155, 155 o. und u. r., 157 o. l.
Andreas Hoffmann, Braunschweig: S. 42 u. l., 44/45, 139.
Interfoto, München: S. 25 o. l.
Volkmar E. Janicke, München: S. 87 (2).
Keystone, Hamburg: S. 25 o. r. und u. M.
Gerhard P. Müller/laif, Köln: S. 5 o., 40/41, Einbandvorderseite rechts, Einbandrückseite.
Christoph Otto, Berlin: S. 86 u., 86/87.
Ursula Pfistermeister, Birgland: S. 122 u., Einbandvorderseite links.
Werner Poll, Putzbrunn: S. 24 o., 132 u., 141 u., 146 o., 153 l.
Andreas Riedmiller/Das Fotoarchiv., Essen: S. 16 u., 54 u., 92 (2), 101 u., 105 r., 112/113.
Roger-Viollet, Paris: S. 26 o., M. und u., 26/27, 27 o.
Jochen Tack/Das Fotoarchiv., Essen: S. 105 u.
Klaus Thiele, Warburg: S. 130 u.
Ullstein Bilderdienst, Berlin: S. 27 u.

Alle anderen Fotos stammen von Frank Tophoven, Solingen.

Die Karten auf den S. 11, 51, 73, 89, 107, 127, 149 und 153 zeichnete Astrid Fischer-Leitl, München.

Die meteorologischen Daten der Klimatabellen auf den S. 146 und 147 stammen vom Deutschen Wetterdienst in Hamburg.

Wir danken allen Rechteinhabern und Verlagen für die Erlaubnis zu Nachdruck und Abbildung. Trotz intensiver Bemühungen war es nicht möglich, alle Rechteinhaber zu ermitteln. Wir bitten diese, sich an den Verlag zu wenden.

Alle Angaben dieses Bandes wurden von den Autoren sorgfältig recherchiert und vom Verlag auf Stimmigkeit und Aktualität geprüft. Allerdings kann keine Haftung für die Richtigkeit der Informationen übernommen werden. Für Hinweise und Anregungen sind wir dankbar. Zuschriften an C. J. Bucher Verlag GmbH & Co. KG, Lektorat, Goethestraße 43, 80336 München.

Türkei · Bucher Global

Konzeption: Axel Schenck
Lektorat: Susanne Kronester, Gabriele Kutscha
Bilddokumentation: Tanja Jonak
Graphische Konzeption: Michael Keller
Graphische Gestaltung: Werner Poll
Herstellung: Kristina Kaiser, Angelika Kerscher

Technische Produktion:
DTP im Verlag;
Lanarepro GmbH, I-Lana;
Westermann Druck, Zwickau

Printed and bound in Germany
ISBN 3-7658-1164-5